技術解体新書

サッカーの技術を言葉で再定義する

風間八宏 Yahiro Kazama ＋ Kenji Nishibe 西部謙司

KANZEN

技術解体新書

サッカーの技術を言葉で再定義する

はじめに

「ボールを扱う」「体を扱う」「相手を扱う」

これに「頭を扱う」を加えたものが、風間理論の柱になっている。風間八宏監督のサッカー理論は革命的ともいわれる。川崎フロンターレをJ1の強豪に押し上げただけでなく、圧倒的なパスワークと破壊力を持つ魅力的なチームに変えていった過程は確かに革命的だったかもしれない。

風間監督の使う言葉はすぐに理解しにくいものも多い。「目を合わせる」「いまを作る」「相手と同じものを見ない」「静止画が出る」……これだけでは何のことやらわからない。日本語としては難しくないが、内容がすぐに理解できないのだ。その意味で、風間監督のサッカーはわかりやすいものではない。

ところが、こうした癖のある〝風間語〟を読み解いていくと、風間理論がサッカーの原理原則を追究したものであることが理解できる。本書はいわば〝風間語〟のガイド本だ。風間監督の独特の言葉の意味を知ることで、風間理論や風間スタイルのサッカーを理解できるだけでなく、サッカーの普遍的な原理を知ることができるはずだ。

実は、〝風間語〟はわざと理解しにくいように作られている。それを聞く選手たちに「ん？」と思わせることが狙いなのだ。わからないから理解しようとする、そうすると聞き流されそうなことも注意して聞いてもらえるからだ。わざと違和感を持たせて、「どういうこと？」と考えさせるわけだ。

冒頭にあげた「ボールを扱う」「体を扱う」「相手を扱う」は、かつて「3B」と呼ばれていたものの言い換えである。

3Bとは、ボールコントロール、ボディバランス、ブレーンのこと。3つの言葉の英語の頭文字がすべて「B」だから「3B」。かつては誰もが知っている言葉だった。ただ、言葉は知っていてもその本当に意味するところを理解していたかというと、筆者の経験からしてもはなはだ心許ない。「そうか、全部Bなのか」と感心して終わりだった。ほとんどサッカーではなくて英語の勉強だったのだが、風間理論はその本質を追究したものであり、風間語はその結果としての言い換えなのだ。

例えば、ボールを扱う＝ボールコントロールの1つにボールを止める技術がある。

「次のプレーをしやすい場所へワンタッチでコントロールしなさい」

ほとんど指導者はそう教えるだろう。誰もが知っているに違いない。けれども、ワンタッチコントロールとは何か、次にプレーしやすい場所とはどこなのか？　そう問われると答えられないのではないだろうか。3Bと同じで、言葉を知っただけでわかったつもりになっているのではないか。風間監督の「止める」は、「ボールを静止させること」だ。ボールが動いていたら、それは「止めるではなくて運ぶ」になる。なぜ「止める」と「運ぶ」を区別するのか。それは風間理論の根幹に関わることなので本書を読んでいただきたいのだが、簡単にいうと「止める」つまりボールを静止させることは、サッカーにおいて決定的に重要なタイミングの共有につながるからだ。

「正しいと間違いの差は1秒の違いでしかない」

ヨハン・クライフはそう言っていた。正しい場所にいても、それが1秒早くても遅くても間違いになる。正しい瞬間に正しい場所にいること、つまりサッカーではタイミングが決定的であり、風間理論はそのタイミングを「止める」によって作り出そうとしているわけだ。

風間理論の重要なワードとしてもう1つだけあげるなら、「外す」がある。

相手のマークを外してパスを受けてシュートや決定的なプレーに移行する。日本語（風間語）の「外す」より、プル・アウウェイといったほうがプレーヤーには馴染みがあるかもしれない。プル・アウェイの動き方自体は何も難しくない。ただ、それを「いつ」行うかについての明快な説明を聞いたことがなかった。風間監督には当然タイミングについて持論がある。それは本書を読んでいただくとして、「外す」は2つの意味において風間理論の最重要キーワードといっていい。

第一に、「外す」は得点に直結するプレーであること。

風間監督の率いるチームは「パスサッカー」「ポゼッションサッカー」と呼ばれるが、本人は「パスはつなげばつなぐほどミスの確率は上がる」と話している。最終的にどうやって相手の守備を崩してシュートして点を取るか、その最後の解のないままパスをつなぐだけではかえって危険なだけという認識なのだ。そのため、川崎フロンターレでも名古屋グランパスでも最後の解である「外す」のトレーニングから始めた。どうやって点を取るか、その解を持たないまま徒にパスをつなぐだけ――そういうチームは日本中にたくさんあるのではないか。

第二に、「外す」は普遍的な崩し方であること。

速さやパワーなど身体能力には当然個人差がある。しかし一方で、人体には普遍的な特徴もある。右に動いている人間は左には動けない、前方を見ている人間に後方は目に入らない…当たり前の話だ。人体には自ずと限界がある。風間理論における「外す」は、その人体の普遍的な弱点をついたものになっている。つまり、相手DFに対して速さや強さで上回っていなくても崩せる、点が取れる方法論なのだ。

日本代表が初めてワールドカップに出場した1998年フランス大会のテクニカル・レポートには「個の能力」についての言及があった。その後、日本は連続して出場を果たしているが、毎回のように個に差があると認識されている。日本にリオネル・メッシやクリスティアーノ・ロナウドがいれば、確かにもっと点は取れていたかもしれないし勝てたかもしれない。ただ、本当に問題なのは「個」なのだろうか。個だとしても、一般的にイメージされるような1対1のドリブルで圧倒的な優位に立つような個なのか。もっといえば、1対1で勝つためには才能だけが重要なのだろうか。

風間理論の特徴は、ボールと人体が変わらない限り通用するサッカーの原理を追究している普遍性にある。いわば異端ではなく王道、革命や発明ではなく原理の再認識なのだと思う。平たくいえば、サッカーをどうプレーするかを知ること。

才能や能力は大事だが、それ以前にその使い方を知らなければならない。ボールと人体が大きく変わらない以上、サッカーの原理も変わらない。そして、それを追究することで才能に頼らないサッカーも可能だとわかってくる。日本サッカーのレベルアップは、知っているようでよく理解していなかったサッカーの原理を認識するところから始まるのではないか。風間理論はそのための教科書になるはずだ。

技術解体新書　サッカーの技術を言葉で再定義する／目次

はじめに

CH1
止める・蹴る・運ぶ　11

CH2
受ける・外す　41

CH3 打つ 81

CH4 守る 103

CH5 風間理論とサッカーの本質 125

おわりに

CH1

止める・蹴る・運ぶ

止める

ボールを扱う・体を扱う・頭を扱う・相手を扱う

「風間監督のサッカーには戦術がない。技術だけだ」

そういう見方もある。そうかもしれないとも思う。しかし、ならばこれはどうだろうか。

「戦術はあるが技術のないサッカー」

いっけんしてオカシイ。技術がなければ戦術は実現しないからだ。燃料の入っていない自動車みたいなものといえる。どんなに車体は立派でも、自走できなければ自動車ではないわけで。戦術と技術がイコールではないにしても、重なるところは大きい。そもそも技術がなければ戦術は成立しない。正確にボールを扱えないのでは、どのタイミングでどんなポジションにいても意味がないからだ。

風間八宏監督のサッカーは技術が前提になっている。外形的な、例えばフォーメーションをどうするということがメインではなく、技術を前提にしてそこから生み出されるものを求めている。

「ボールを扱う。体を扱う。頭を扱う。相手を扱う」

風間さんのよく言う4つの要素。この4つが同時に起きているのがサッカーなのだが、そこで決定的なのはタイミングだ。そしてタイミングを左右するのは技術である。

4つめの「相手を扱う」から説明したほうがわかりやすいだろう。

風間さんの言葉を借りると、「相手に矢印を出させる」。これが相手を扱ううえでのキーワードになる。矢印とは、相手の動きの方向性と勢いのこと。相手がどれだけの速さでどの方向に動いているか、あるいは動こうとしているか。例えば、相手の片足に体重が乗っている状態なら、その足のすぐ側をボールが通過しても反応できない。体重がかかっているのとは反対方向へすぐに動くこともできない。つまり、相手を動かすことで守れない場所ができてくるわけだ。ごく単純化すると、相手が守れない場所をついていけば、AからB、BからCというシンプルなパスの連続でシュートまで到達することも理論上は十分可能である。つまり、攻撃は形ではなく、いかに相手に「矢印」を出させ、その瞬間に守れない場所をついていくかが最重要ポイントとなる。

では、どうやって相手に矢印を出させ、パスをつないでいくか。

相手を動かすにはボールを動かせばいい。あるいは、相手にとって嫌な場所へ受け手が移動することで相手を動かすこともできる。守備者は自分の背後に入られる、視野の外へ移動されるのを嫌うので、マークしている選手がそういう動きをすれば反応して動く。相手が動けば、その逆をついて瞬間的にマークを外すことができる。

相手のマークを外すことはできる。問題は、外したタイミングでパスを受けられるかどうかだ。マークを外すのが早すぎると、パスが来たときには再びマークされた状態になってしまう。もちろん外すのが遅ければマークは外れない。マークを外したジャストのタイミングでパスが来ていなければならない。

机上論なら「ここがフリーになる」といえるが、実際にはフリーになるのが早すぎても遅すぎてもフリーにはなれない。戦術論のうえではフリーになっていても、実際にはタイミングが介在する。タイミングがダメなら、それは文字どおり机上の論。技術の伴わない戦術には意味がないわけだ。

タイミングのカギを握るのは「ボールを扱う」になる。とくに「止める」。

ボールコントロールが浮いていたり、体から離れすぎたり、要は止めてから蹴るまでに時間がかかる状態なら、パスを受けたい選手がいくら相手のマークを外してもボールは出てこない。出てきたとしても無理なキックになって精度が期待できない。ボールが止まることで、はじめて次の受け手もマークを外すタイミングを計ることができる。いわば信号が青の状態なら、受け手はそのタイミングでマークを外せばいいとわかるが、黄色や赤ではタイミングを計れない。ボールの行く先々で信号が青になっていれば、攻撃はスムーズに流れる。それが戦術を成立させる前提となる。

風間監督はそこで「本当に止まっているか？」と選手たちに問いかける。

止めているつもりでいても、本当に止まっているのか。プロの選手がボールを止めるなら、一般的には止まっているように見える。ところが、風間さんの目には止まっていないことが多いという。風間さんの「止める」は、文字どおりボールが静止している状態を指しているからだ。ボールがコントロールされているように見えても、動いているなら風間さんの定義では「運ぶ」になる。運ぶなら運ぶでもいいのだが、「止める」と「運ぶ」は別なので、止めるつもりでボールが動いているなら、それは「ミス」だという。

「ミリメーターの話です。止めたつもりでもボールが動いているなら、それは止めているのではなくて運んでいるということ。一番いい場所に止まっていなければ、止めていることにはならない。それを知らない選手はプロでも多いですよ」

ボールを静止させる

【止める】
ボールを静止させること。（同意語）トラッピング。ストッピング。ボールコントロール
ボールの中心より上部の一点を足の一点で触ることで静止させる

「今日も対面パスの練習を見た記者から、『基礎練習をしている』という話が出たんだけど、我々がやっているのはミリメーターの話であって、バルセロナの選手だってちゃんと出来るかどうかわからないよ」

15メートルほど離れてインサイドキックでパス、それをコントロールしてパスという練習を名古屋グランパスの選手たちが黙々とやっていた。確かに見た目は小学生がやるよう

なトレーニングである。ただ、風間監督が要求しているのは完璧に止める技術だった。

「止めるというのはボールを静止させることです。ボールが動いていれば、それは『運ぶ』。止めると運ぶの中間はすべてミスです。意識しないでボールが動いているならそれはミス。まずはどうやって止めるのかを私が見せます。それで納得してもらって皆に実行してもらうのですが、すぐできる人はほとんどいません」

単純なグラウンダーのパスを風間さんと同じように止められないというのは不思議に思うかもしれないが、実は止め方が違う。多くの選手はインサイドの「面」で止めることに慣れているのだが、風間さんは「点」で止める。そして、「点」で止めることを要求している。だから単純なパス練習でも決して簡単ではないのだ。

「親指の下に出っ張っている部分がありますよね。そこでボールの中心より上を触るんです」

ボールには、その運動をオフにする〝スイッチ〟がある。

それはボールの中心より上の一点で、そこに触れると速いボールでもピタリと静止する。触るだけで止まる。そんな都合よくいくかと思うかもしれないが物理の話だ。足と地面でボールを挟むことを想像していただければいいと思う。足と地面の間にボールが挟まってしまうポイントがある。実際にボールを挟んでしまうと次のプレーはしにくくなるから、ボールの〝オフスイッチ〟はそれより気持ち下になる。

「昔はね、足でボールを挟めと教えられました。インサイドで地面に屋根をかけるようにして、足と地面の間にボールを挟めば静止すると。ただ、この方法だと自分の体の下でしかボールを扱えない。自分の体の前でも、あるいは動きながらでも、ボールを止めるには面ではなくて点で触るほうが有利です」

多くの選手はボールを面でとらえようとし、さらにボールの中心を触ろうとする。しかしそうなると、速いボールに対しては足を引く動作が必要だ。それこそ昔は、いやたぶん現在でも「カーテンのようにボールの勢いを吸収しろ」と教えられる。固いものに当たればボールは跳ね返ってしまうが、柔らかいものならば勢いを吸収してくれる。だから止めるときはボールの勢いに合わせて足を引けばいいと。

自分が静止しているならこれでも問題ない。だが、動きながら足を引く動作をするのは無理がある。また、自分の体より手前でタッチする場合に面の角度が変わるので、ボールの下をタッチして浮かせてしまう、シューズのソールに当ててしまうという失敗が起こりやすい。一方、ボールのオフスイッチに触るだけなら体の下でも前でも扱えるし、動きながらでもできる。その一点を見極めて触るだけでボールは止まるからだ。

「ズレたときの修正もしやすい。ズレたなと思ったら、指に引っかかるので調整がしやすいんです。面で扱うのは安心感がありますが、結局は面といっても面の中の点に当てているわけで、面という意識では点がわからないままになります。面で止めようとして面を逃したら修正は利きません」

風間さんはボールのオフスイッチを足の「点」で触れと言う。風間さんの場合は「親指の下の出っ張っているところ」だが、実は触る部分はどこでもいい。点に点を合わせればいいのだ。「親指の下の出っ張り」は確かに点の中では安定感のある部分なので推奨しているのだが、オフスイッチに足の一点で触ればいいだけなのだ。例えば、小さなボタンを押す時に手の平で押せばどこかに当たってスイッチは押せる。けれども我々は日常的に指でボタンを押している。多くは人差し指だろう。そこが風間さんの言う「親指の下の出っ張り」になる。そして、その「出っ張り」でないところにボールが当たってしまった場合、例えば親指にボールが当たってしまったとすると、それは指の感覚で調整ができるというわけだ。面に比べると反作用も小さい。面だと、その調整が難しい。面といっても真っ直ぐでなく湾曲している。アーチのどこかには当たるだろうが、当て方を間違えたときに修正はほぼ無理で、そもそも点に触る感覚がなければ間違いも起きやすい。あるいは間違えていることすらわからないままになる。点を面で捉えるよりも、点を点で抑えるほうが、難しくみえて実は確実だというのが風間さんの理屈である。

「私が見本を見せて、じゃあやってみようとなっても、なかなか出来ませんね。出来ないから練習するわけで。上手くいかないのは、どこに触ればいいのかわからないのが1つ。ボールの上を触っているつもりで下にタッチしてしまう。当然、ボールは浮きますよね。あと多いのが叩いてしまうパターン。これがすごく多い。触るだけでいいのに叩いてしまうので、上には触れているのだけどボールを叩きつけて結局浮いてしまう」

ボールのオフスイッチの場所がわからないのはけっこう深刻な問題である。どこを触ればいいかわからないのでは止まらなくて当たり前だ。ただ、もともと点を探す意識がなかっただけで、プロの選手なら点を探す意識を持てばすぐに改善できるのだろう。風間さんのいう「叩いてしまう」は、足の点をボールの点に合わせようとするときに、上から下げて調整するからだろう。ボールをコネてしまうのだ。

プロの選手がボールを止められないわけはない。ただし、「本当に止まっているのか」といえば実はそうでもない。ボールを静止させられるかどうかは、それだけ取り上げるとそんなにこだわる必要がなさそうにも思える。少しぐらい動いても問題ないだろうと。ところが、これができるかできないかでプレーの全体が大きく変わってしまうのだ。

ともあれ、いままで違う止め方をしていた選手に風間方式は違和感があるに違いない。だから最初は上手くいかない。では、風間監督はなぜわざわざ選手が失敗しそうな止め方をさせるのだろう。

「認識、実行、成功ですね」

風間監督の指導の核心部分だと思う。

感覚でプレーしていた選手たちに、まず新しい認識を与える。「止める」でいえば、足の一点でボールのオフスイッチを触るのが最も良い止め方であるということを知らせる。そして実行させる。それで成功すると、技術に対する見方が変わる。「止める」は最短時間での「蹴る」につながり、その時間の短縮がプレーのスピードを生む。また、何が止まっている状態かをチームで共有することで、タイミングを共有できるようになる。風間さんはこれを「目を合わせる」と呼んでいる。

まず認識。実行して成功するまでの時間には人によって差がある。成功が見込めない人もいるかもしれない。ただ、風間監督はそれで構わないと思っているようだ。

「チームのキーになる選手には身につけてもらいたいけど個人差はある。センターバックの選手なら、少しボールを離してしまっても仕方がない」

大事なのは感覚を感覚のまま放置せず、いったん言語化すること。それによってさまざまな気づきが生じる。そして、言語化して認識したものを再び感覚へ落とし込む。認識→実行→成功を手助けするのが風間監督の仕事であり、指導者としての真骨頂なのだろう。

「自分が止め方を意識したのは大学生のころでした」

風間さんは自分で発見しているので、当然ボールのオフスイッチがどこかは感覚的に捉えられた。風間さんに教えられて始める選手は、感覚をつかむまでに相応の時間はかかるだろう。けれども、教えられなければ知らないままだったかもしれない。実際、佐藤寿人のようなベテランの大選手でも「知らなかった」という。若い選手にとっては、止め方を発見するまでひょっとしたら10年かかるか、知らないままで終わるかもしれないことを風間監督が教えてくれるというのは明らかにメリットである。また、たとえ自分がそのとおりにできなくても、チームメイトができるなら、いつが青信号なのかタイミングを共有することは可能になる。

技術を定義する。止めるが定義されると、他の事柄も定義されていく。サッカーそのものが定義づけられていく。逆にいえば、止めるがあやふやなら全部あやふやになる。何も決まらない、定義のないサッカーになってしまう。

「技術論というと、皆さん感覚だと言うけれども、感覚を感覚でなくすことが大事。最後はもちろん感覚になりますけど、明確にしておくことです」

風間さんと同じ方法で止めることを要求はする。けれども、形は同じでなくても構わない。明確にはするが、要は結果が同じならいい。

「いま」と「静止画」と「目を合わせる」

【いま】
パスのタイミング
パスの出し手と受け手が共有しているタイミングを指す

【静止画】

敵味方が静止しているように見えること
実際に静止しているのはボールとボールを保持している選手。静止しているので見えている敵味方の画面にブレがない。そのため敵が動いていれば、それをはっきり認識できる

【目を合わせる】

パスの出し手と受け手の意図が一致していること。

「いま」の共有が前提となる。そのタイミングで受け手が受けたい場所を出し手が理解している、または出し手が狙う場所を受け手が理解している状態

「止めることで『いま』ができる。これがすごく大事なんですよ。止めてから蹴るまで遅くてもコンマ5秒、1秒あったらちょっと遅い。それができれば『いま』がわかる。そうすると『いま』が変わる。止まれば、それが『目』になります。パスの合図は敵の一歩ですから、それは『静止画』がないとわからない。『静止画』を出すにはピタッと止めないといけないわけです」

〝風間語〟が満載なので、少しずつ追っていくことにする。

まず、風間さんはボールがピタリと止まることで「いま」を作れるといっている。そして、止めてから蹴るまでは1秒以下とも。これは常に1秒以下で蹴れというのではなくて、止めたらすぐにパスができる場所にボールがある状態を作れという意味だ。止まったらすぐに、いつでもパスを出せる状態（もっといえば、パスもシュートもドリブルも何でもできる状態）、そもそもそれが風間監督の「止める」の定義でもある。そのボールを止めた瞬間が「いま」になる。パスを出せる、パスを受けられる瞬間だ。

風間さんが「止める」の定義を明確にしているのは、「いま」つまりタイミングを共有するためなのだ。例えば、現象的にはボールが止まっているように見えても、少し足下に入りすぎている、あるいは体から離れている、そういう状態は風間さんの定義では止まっているうちに入らない。その瞬間にはパスを出せないし、蹴れたとしても無理なキックになってしまう。あるいは、一歩余分に時間をかけることで受け手の状況が変わってしまう。受け手にとってみればパスが来るのか来ないのかわからない状態。これでは「いま」がわからない。ピタリと止めることで、はじめて「いま」が共有される。

「そうすれば『いま』が変わる」

いつでもパスが出てくる状態＝「いま」がセットされ、それをボールホルダーと周囲が共有することでタイミングを合わせるだけでなく操作することもできる。セットされているのでそこからは速いわけだが、逆にわざと遅らせることも可能だ。

「止まれば、それが『目』になります」

単純にいえば、ボールを完全にコントロールしていればボールは見る必要がない。いわゆる顔が上がる状態なので周囲を目視できる。ただ、風間さんがボールホルダーに見てほしいのは味方ではない。味方も見るのだが、むしろ見なければならないのは敵だという。

「パスの合図は敵の一歩」

これは例の「矢印」の話。ボールが止まり、状況がセットされる（「いま」ができる）。そこで相手にどんな矢印が出ているか。自然の流れにしろ、受け手が駆け引きをして矢印を出させているにせよ、矢印が出ているなら必ず守れない場所はできている。それをボールホルダーと受け手が共有しているなら、それが「目」だ。互いに状況が見えている、相手の矢印を認識している、攻略するターゲットが明確になっている状態。だから「敵の一歩」が「パスの合図」になるわけだ。

「それは『静止画』がないとわからない」

静止画と言われても何のことやらという感じだが、ここまでのくだりを理解していただいているなら、「静止画」という表現はむしろピッタリに思えてくるはずだ。ボールがピタッと止まる、アクション・スタート。まさにその瞬間、矢印がどんなふうに出ているかをボールホルダーも周囲の受け手も認識している。あとは矢印の逆をつけばいいだけ。すべてが動き出す一瞬前、それが風間さんのいう「静止画」だ。

蹴る

蹴れない選手には止める場所がない

【蹴る】
ボールをキックすること
ボールの中心を正確に蹴ることが基本。それには自分の体の動き方を知ること。
必ずしも両足を使えなくてもよい

「野球の基本はキャッチボールですよね。キャッチボールが出来ないのでは野球にならない。ところが、サッカーではキャッチボールがなかなかできないんですよ」

サッカーボールを足で握ることはできない。バスケットボールやハンドボールならば、手でボールを掴めてる。ボールを掴んでしまえば、風間さんのいうところの「いま」は自動的に作れるし、「静止画」なんて簡単に出る。パスワークにおいて、サッカーほどミスは起こらない。そこでのミスはほとんどないといっていいぐらいだ。しかし、サッカーではそれができない。風間さんが「止める」を重視しているのは、ボールを掴んでいる状態になるべく近づけようとしているわけだ。

「ダイレクトパスはわりと簡単なんです。決め打ちですから。止めることで「いま」ができるわけで、その時差が余裕を生む。止めることができれば、ダイレクトも生きてくる」

止め方については、点で点を触るのがベスト。ただ、それでボールの運動をオフにできるとしても、どこに止めるかという問題がある。止める位置はどこなのか。

「それはね、それこそ感覚」

なぜ止める位置が「感覚」になってしまうのか。感覚を言語化して認識させ、それをまた感覚へ落とし込む作業にいそしむ風間監督にとって、最初から「感覚」といってしまうのは珍しいことかもしれない。

「止める位置は『蹴る』に関わってくるからです。ところが、蹴るほうはかなり個人差がある。これというのはなくて個人の感覚で決まるからです。逆にいえば、蹴れない選手には置く場所もない」

風間監督は、立ち足を固定した状態で蹴る練習をさせているそうだ。踏み込むのではなく、立ち足を動かさないで蹴る。それでインステップを使って、最も遠くへ強いボールを蹴らせてみるのだそうだ。インステップで蹴るのはボールの中心を最も強くインパクトできる種類のキックであると同時に、ある意味ごまかしが効かないから。芯を外せば真っ直ぐにはいかない。必ずボールの中心に当てなければならない。

「遠くへ蹴れというと、皆ボールを前へ出してから蹴ろうとするけど、それでは自分のキックがわからなくなる。立ち足を動かさなければ、体を使わなければ蹴れません。足を振るだけではボールが飛ばない。そうすると自分の体がわかります。どういうふうな体の使い方をすればいいのかがわかると、どこにボールがあればいいかがわかる。インステップはボールの中心を正確にとらえないと真っ直ぐ飛ばないので、立ち足を固定したままインステップで蹴ることで、自分のフォームがみえてくる」

いちばん遠くへ蹴れる場所にボールを置ければ、当然近くにも蹴れる。そこが止める場所になるわけだ。しかし、前記したように体の合理的な使い方には個人差があるので、これについては各自の感覚をつかむ以外にはない。

２００２年日韓ワールドカップで活躍したセネガルのエース、エルハジ・ディウフのキックフォームを大学の研究チームが撮影したことがあった。インサイド、インステップ、インフロントと蹴り分けてもらった。ディウフは「オーケー、オーケー」と愛想良くやってくれたそうだが、撮影したものを見るとフォームが全部同じだったそうだ。当てる場所は多少違っているにしても、ボールと体の関係が出来上がっているのでフォームに違いがなかった。これは同じような分析を行ったときのドラガン・ストイコビッチもそうだったという話を聞いたことがある。

「大学生を教えているときに、懐からボールを蹴り出せる選手がいました。立ち足から遠くに置く人もいる。これに関しては回数を積んで体得するしかない」

キックに関しては、ある意味正解がないのだ。ある程度のセオリーはあっても、ボールからどのぐらいの距離に立ち足を置くのか、そこからどう体を使って蹴り出すのかは個人差が大きい。つまり感覚による。ただ、感覚を感覚のまま放置するのではなく、こうやって蹴る、そのためにボールをここに置く、それをはっきりと認識しておくことが重要だ。

「例えば、シュート練習で１本上手く蹴れたときに、それを自分の認識と符号できる。そうすると再現できるようになる」

感覚だけなら偶然で終わってしまうかもしれないが、それを必然として手の内に入れることができる。ともかく、止める場所は蹴るための場所ということになる。

「ボールのどこを足のどの部分で蹴るか。そしてボールに力が伝わるフォーム。この2つがポイントになります。体の使い方は上体をまず開いて、それを一気に縮める。その力を足へ集約させていく。上体を使うというと、蹴る動作が遅くなるように思うかもしれませんが、上体を使う作業にそんなに時間はかかりません」

風間さんがドイツでプレーしているときに、ドイツ人選手の蹴り方を見て気づいたのだそうだ。

「ドイツの選手たちは上体を大きく使って蹴っていましたけど、作業が速いので決して遅くはなかった。自分のフォームを持っている人はキックが崩れないし、そういう選手のキックはさほど力が入っていなくて、力んでいないのに強いボールを蹴る。まずはボールの芯を覚えること、それができればあとはずらしていけばいい。親指、中指などボールを捉える感覚をつかんでいくわけですが、変えるにしてもまずは芯がないとね」

ボールの芯を蹴るトレーニングの1つとして、ボールに対して真っ直ぐ助走して真っ直ぐのボールを蹴るというのがある。

「ボールへのアプローチは角度をつけたほうが蹴りやすいのですが、真っ直ぐの助走で蹴ると芯がどこかを知る手がかりになります。自分の体もわかりやすい。真っ直ぐ走って蹴るのは森孝慈（元日本代表、三菱重工）さんが上手かったですよ」

自分のフォームを持っていて、ボールをどこへ置いたら芯をとらえた最も強くて正確なキックができるかわかっていること。それができればボールをどこへ止めればいいかは決まる。逆に、キックができなければボールの置き所も決まらないわけだ。

「真ん中を知っている人がボールの習性を知る」

風間さんのいう「ボールの習性」とは、どこを蹴ればボールがどう飛ぶかということだ。下を蹴れば上へ上がる、中心を少し外せば曲がる……そのためには中心がどこかを体で知っていなくてはならない。中心がわかっているから、中心を外して蹴ることもできるわけだ。

「利き足が完璧にできないのに利き足でないほうで蹴ろうとする人は多いけど、1がないのに2にはならない」

利き足は右足だが、右足のキックが完璧にはできない。そういう選手が左の練習をしたところで、当然左も不完全になるだけである。

「逆に、利き足が完璧だと逆の足はあんまり必要なくなる」

たまにどちらが利き足かわからない選手もいる。古い選手だが１９６０年代にイングランド代表やマンチェスター・ユナイテッドで活躍したボビー・チャールトンは両足利きだった。もともとは左利きだが、右足でＦＫやＣＫを蹴ることもあった。ただ、完全な両足利きのスーパースターはあまりいない。リオネル・メッシは右足も正確だが、ほとんどのプレーは左足を使う完全な左利きだ。ディエゴ・マラドーナもほとんど左足だった。偉大なレフティの大半は右足を使わず、補助的に右で蹴るぐらい。右利きのペレ、ヨハン・クライフ、ミッシェル・プラティニもほとんどが右足。左利きに比べると逆足も使っていたが、ほとんどのキックは利き足だった。歴代のスーパースターはほぼ利き足しか使っていないのだが、逆の足が下手というわけではない。利き足でほとんど用が足りていたので使う機会がなかったのだ。

運ぶ

真っ直ぐ最短距離を運べる人は少ない

【運ぶ】
ボールと一緒に動くこと。ドリブル
手で持っているように一緒に動く。無駄なく最短距離を運べるのが理想

「レールの上を真っ直ぐ運べる選手は案外いない」

風間さんはドリブルの話をしているのだが、ボールなしでも真っ直ぐ走るのは意外と簡単ではないと思う。膝と足先が真っ直ぐ前を向いている人は、たぶん真っ直ぐ走るのに向いている。ところが、サッカー選手でそういう人はあまり見かけない。だいたいがO脚で、

足先も外へ向いている人が多いような気がする。そうなると真っ直ぐ走るのも、真っ直ぐドリブルするのもそんなに簡単ではない。真っ直ぐなアプローチからストレートのボールを蹴るのが難しいのと同じだ。

「背面の筋肉を使って、背中で押すように運ぶのがコツ」

ある場所から別の場所へボールを運ぶときに、最短距離で動ければそれだけロスは少なくなる。いわれてみればクリスティアーノ・ロナウドもメッシも最短距離でドリブルしているのでロスがなく捕まりにくいのだろう。

「運ぶのも認識で変わる」

ただ、「運ぶ」は教えられても「抜く」は教えられないと風間さんはいう。

「相手を抜くことを教えるのは難しい。技術論よりも心理論かもしれない」

フェイントの形を教えることはできる。例えば、アウトサイドでボールに触れながらインサイドに切り替えるエラシコと呼ばれるテクニックがあるが、形だけならほとんどの選手ができるはずだ。しかし、実戦でこれを使えるかどうかはまた別の話になってしまう。

風間さんはエラシコの元祖といわれるロベルト・リベリーノと対戦していて、目の前でそれをやられたそうだ。

「最初はびっくりしましたよ。1つめのタッチが、こっちの足下まで入ってきた。だから反応してしまうんです。ボールを左右に動かすだけなら引っかからない。一発目が規格外に大きいから思わず足を出してしまう」

エラシコの使い手としてはロナウジーニョが最近の名手だろう。コマーシャルでもエラシコで抜き去るシーンを使っていたが、一発目のアウトサイドの押し出しでボールが浮いていたのを覚えている。速さと幅がケタ違いだった。

風間さんはドイツでプレーしていたときに、ドイツ代表のプレーメーカーだったアンドレアス・メラーとも対峙したという。メラーは真っ直ぐ運べるタイプの選手で、トップスピードに乗るのが速く、ぐんぐん加速していくドリブルを得意としていた。

「メラーがトップスピードでドリブルしてきたので準備したら、目の前でガクンとスピードが落ちて止まりかけた。トップギアから一気にローギアになった感じです。そこからまた一瞬でトップギアに入れてきた。思わずファウルで止めましたよ（笑）」

トップスピードでドリブルしてきて一瞬で止まる、そしてまた瞬間的にトップスピードに変化できる。これも規格外の能力である。

「マラドーナやメッシのドリブルは簡単そうに見えるでしょう。ボールを相手にさらしておいて、相手が反応した瞬間にクッと加速してかわしている。べつに難しい技術は使っていないしフェイントすらかけていない。ところが、彼らは規格外なんです。同じことを他の選手がやっても効果はありません。そこを相手にすると、もう技術論ではなくなる」

持って生まれた速さ、瞬発力があってこその突破力なので、できる人にはできるという話になってしまうのだ。風間さんの技術論は万人向きとはいえないまでも、ある程度の水準をクリアしていればほぼ誰でも習得可能なもの。できないことを教えても意味がない。

「サンフレッチェ広島のときに、キックオフでDFの背後のスペースへロングボールを落として味方に走り込ませるパターンを使っていたのですが、スペースを狙うとボールが長すぎてゴールラインを割ってしまったり味方が追いつけない。だから私はDFを被らせるボールを蹴っていた。DFの背後を狙うのではなく、ぎりぎりでDFが触れないボールです。無回転に近いキックですね。ボールの少し下を蹴る。スーッといってDFを越えたら落ちる球筋です。で、その練習をしていたらチームメイトが『何をやっているんですか』と見に来るんだけど、『お前らはいいから（笑）』と」

DFの背後のスペースを狙えと指示されて、DFを被らせるボールを蹴るというのは風間さんらしいが、興味を持って見に来たチームメートを相手にしなかったのは、教えたところでできないと思っていたからだ。できるなら教えることに意味はあるが、無理なものは教えたところでどうにもならない。ドリブルで抜く能力も、ある者にはあるが、ない人にはない。そういう種類の技術なので「教えるのは難しい」わけだ。

CH2

受ける・外す

受ける

いつ・どこで・どう

【受ける】

味方がパスを出せるタイミングでマークを外してパスを受けること

①「いつ」が出し手と受け手で共有されている

②受け手がパスを受けられるだけの空間を確保している（「どこで」）

③相手の「矢印」を利用できている（「どう」）

＊補足

・「いつ」＝「いま」と同意。ボールを「止めた」瞬間。つまりパスを出せる状態

―・「矢印」＝（相手の）動きの方向性と勢い。ＤＦに矢印を出させれば守れない場所ができる―

「パスを『受ける』ときは、『いつ』『どこで』『どう』がポイントになります」

風間さんのいう「いつ」「どこで」「どう」とは、それぞれ何を意味しているのだろう。

「『いつ』は、ボールを持っているパサーがパスを出せる瞬間です。だいたいこの『いつ』がはっきりしていないので、パスを受けたときに敵に捕まってしまう。パスの出し手と受け手の双方が『いつ』を共有していなければなりません」

パスを出せる瞬間がはっきり共有できるのは、ボールが完全にコントロールされた瞬間だ。風間さんの基準では、止めてから蹴るまでの時間は1秒以下であり、ボールが動いている状態は「止める」ではなく「運ぶ」になる。なので、ボールは完全に止まっていて、すぐ蹴り出せる状態にあることが「いつ」の目安だ。「止める」のときに出てきた「いま」と同じである。

この「いつ」（または「いま」）が共有されていないと、せっかくマークを外していても受け手はパスが来たときに相手にマークされてしまう。たいていはボールが止まっていないのに（「いま」ができていないのに）、受け手が自分の受けたいタイミングで動いてしまうので、そのときはマークを外していても実際にパスが出てくるタイミングでは再びマークされてしまうのだ。出し手がパスを出せる瞬間＝「いつ」を共有していることで、はじめてちょうどいいタイミングでマークを外すことができる。

「『どこ』は、敵から外れている場所です。そんなに敵から離れていなくても大丈夫です。『いつ』が共有できていればそんなにスペースは必要ない。受け手は1人とはかぎらないので、受けられる可能性のある選手が同時に受けられる場所に動けば、守備側を無力にできます」

受け手とDFの距離について、風間さんは「そんなに離れていなくても大丈夫」というが、具体的に何メートルとはいっていない。これはパサーとの距離にもよるだろうし、状況にもよる。要はインターセプトされなければいいので、場合によって1、2メートルでも成立する。「どこで」、つまりパスを受ける場所は、想像されるよりもずっと狭い。スペースという言葉で連想されるのは5メートル四方、10メートル四方の誰も守っていない場所だと思うが、相手に引かれてしまっている状況でそんなスペースは通常空いていない。なので、敵から1メートルの距離でもパスを受けられなければならない。では、狭い場所で

［図1］

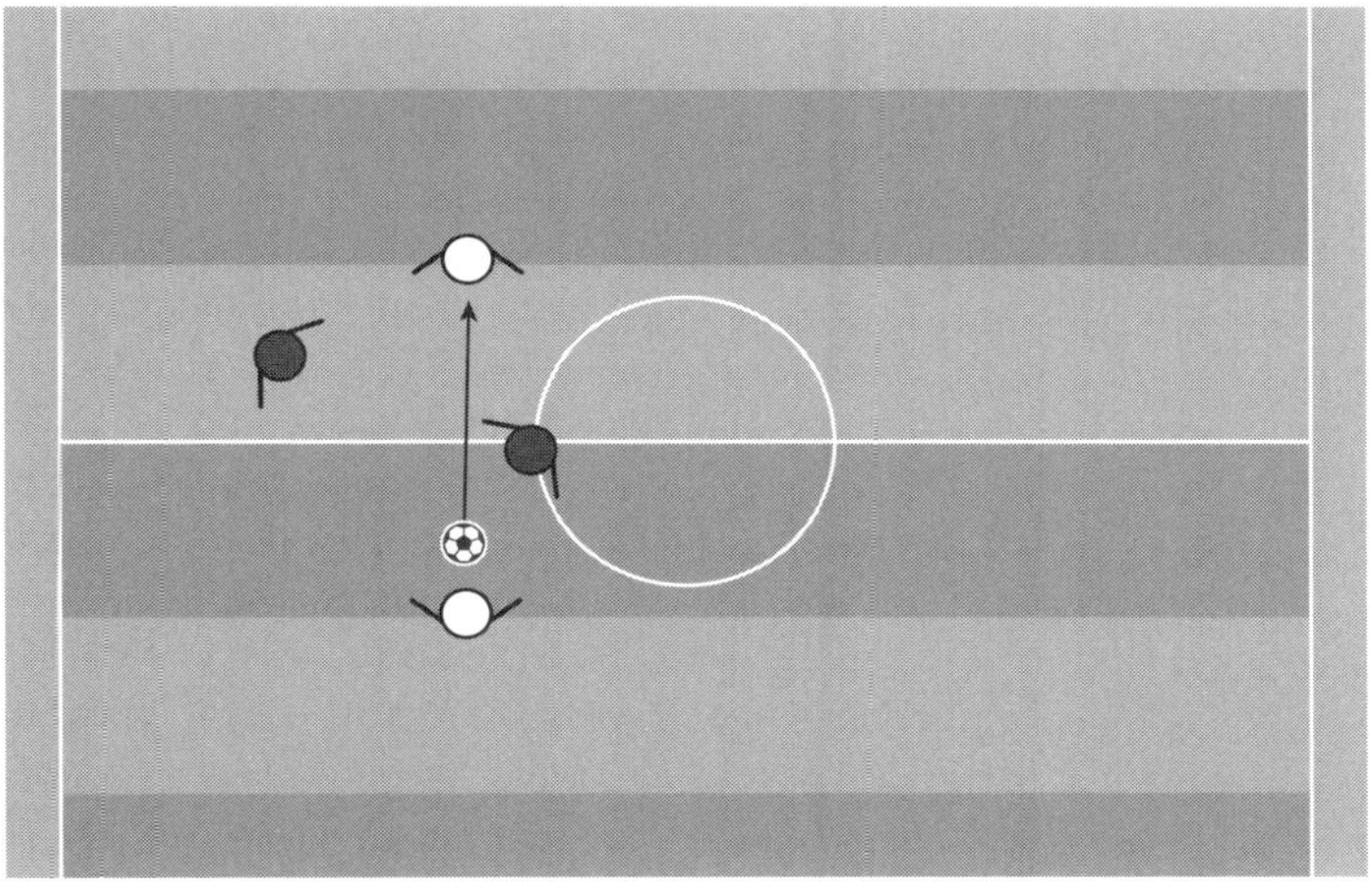

もパスを受けるためには「どう」すればいいのか。

「『どう』は、敵のマークから外れるための駆け引きですね。すでに外れているならそこに止まっていればいい。例えば、敵の視野から外れたところに立っていて、敵が気づいて動いたら逆をついて動く。わざと隠れるわけです」

すでに敵のマークから外れているなら、そのままパスを受けられる（**図1**）。敵がパスコースを遮断している場合でも、敵は背後を見られないのでパスが出る瞬間（「いま」）にDFの陰から出てパスを受けることもできる（**図2**）。風間さんのいう「わざと隠れる」だ。敵が背後にいる受け手を視野に収めるために

[図2]

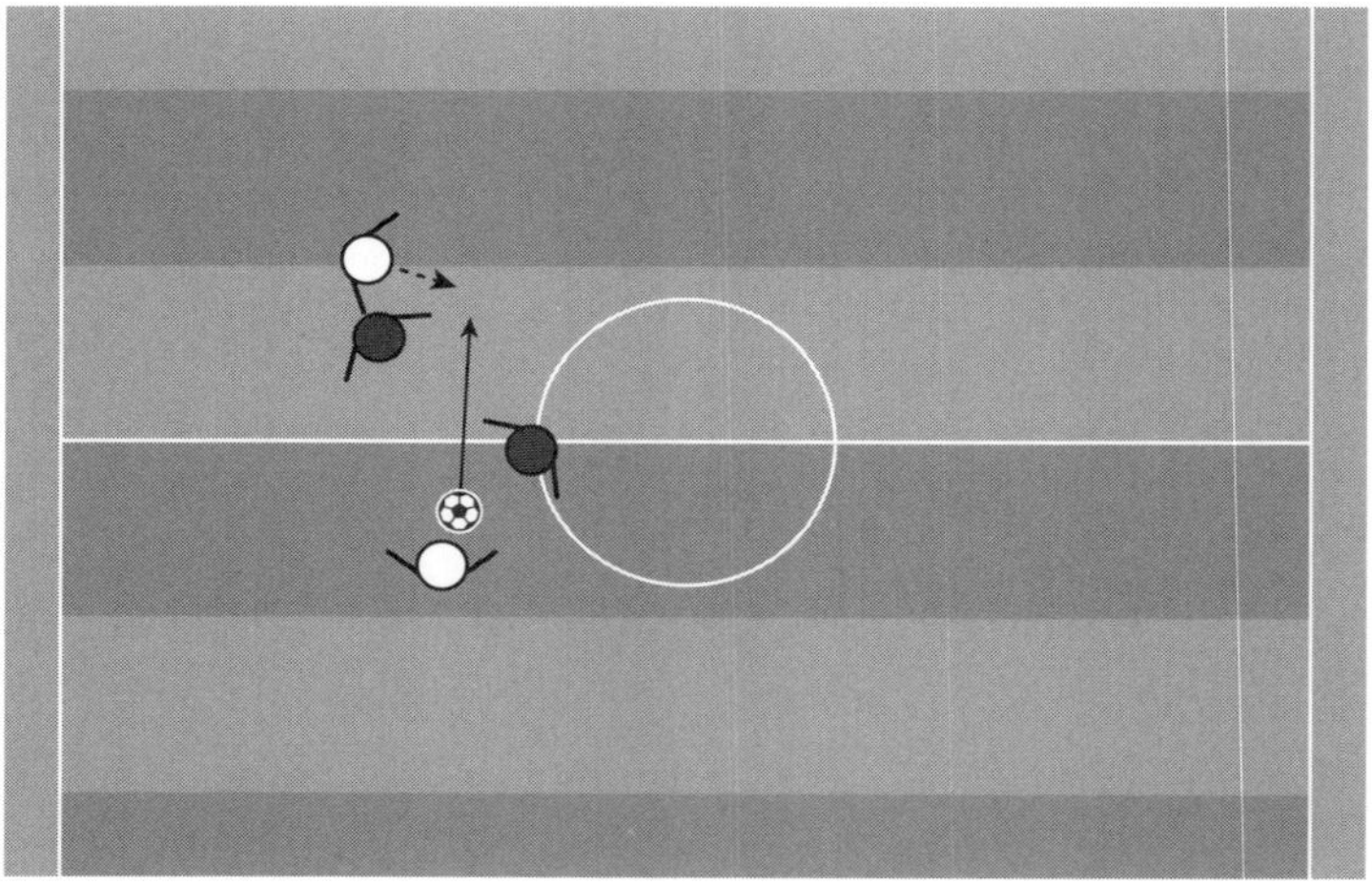

動いたら、そのときは敵に「矢印」が出る。「敵の一歩がパスの合図」なので、そのときは「矢印」の逆へ動けばマークを外せる（**図3**）。

「ボールが動いているうちに考えておく」

ボールが味方の間で動いているとき、つまり『いま』ではないときに受けるためのアイデアを持って準備をする。

「ボールが動いているうちに考えておくのはパスの出し手も同じです。1メートルのパス交換の間に視野を作っておく。それができるのが上手い選手です。パサーが見なければいけないのは『敵の一歩』です」

敵の動きを見て、守れない場所をつく。風間流パスワークの真髄といえるところだが、そのためには「敵と同じものを見てはいけな

［図3-1］

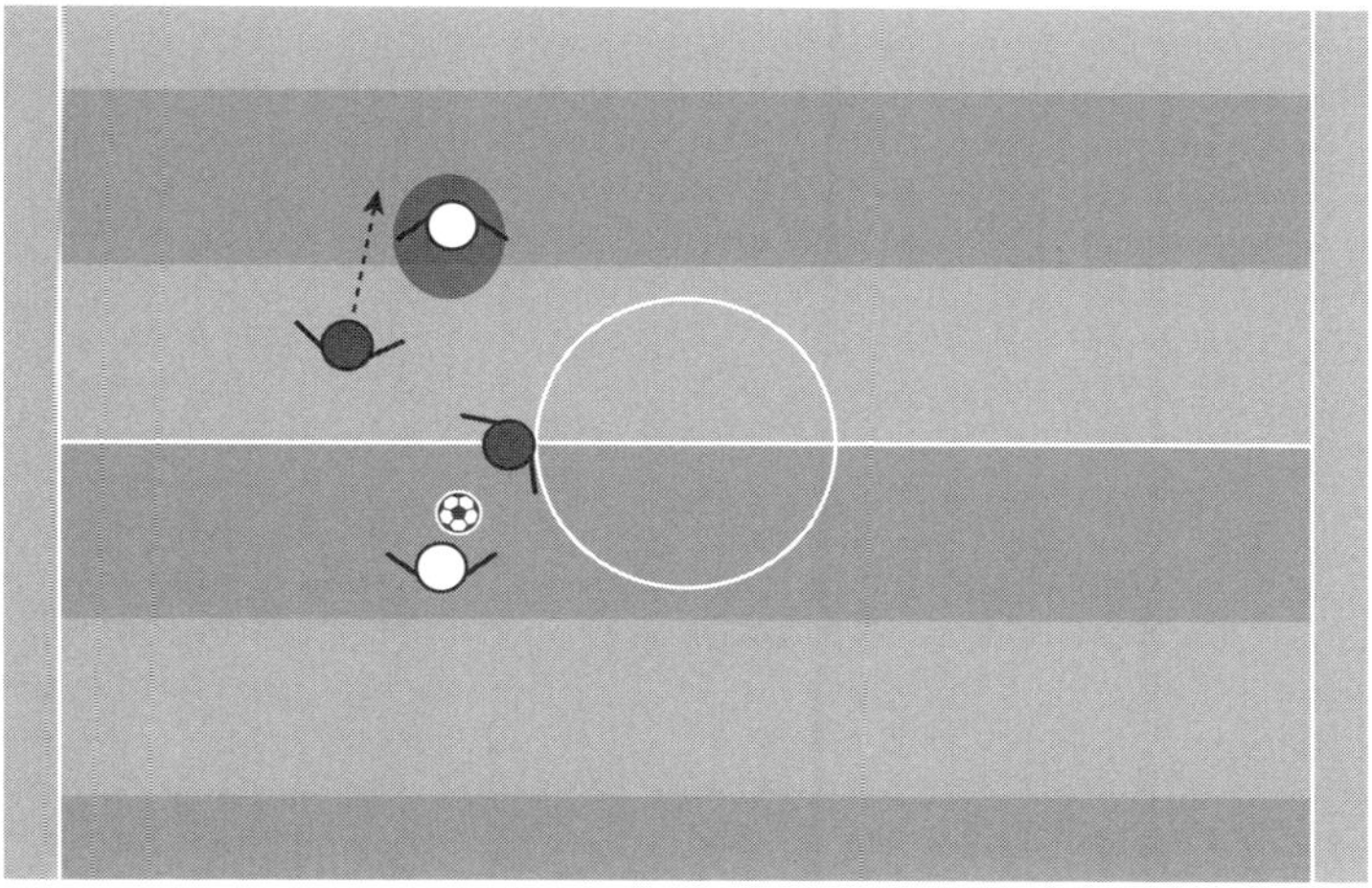

───→ ボールの動き　- - - - -➤ 人の動き

［図3-2］

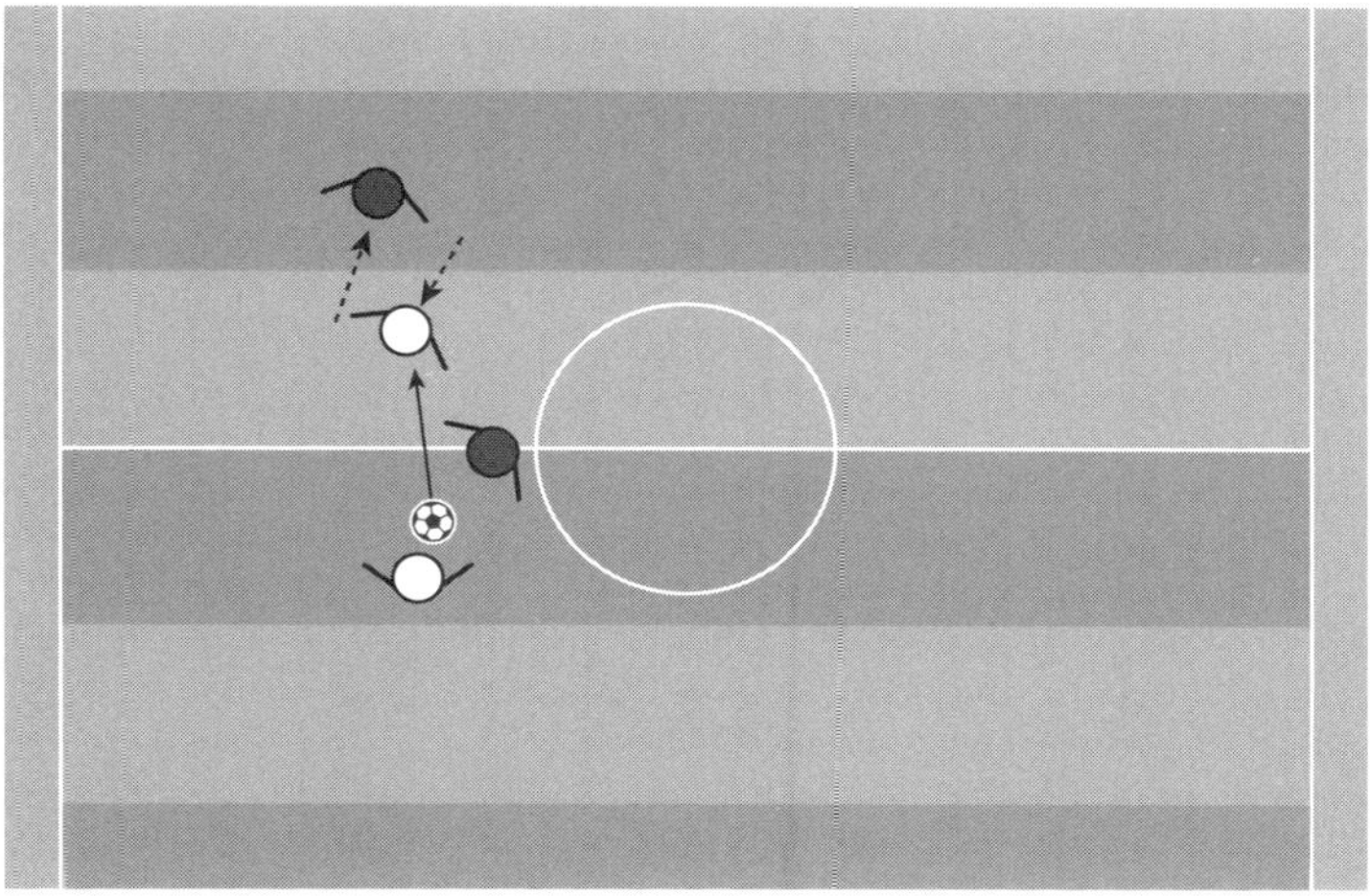

───→ ボールの動き　- - - - -➤ 人の動き

い」と、風間さんはいう。

「受け手はそんなにボールを見なくてもいいんですよ、『いつ』を感覚でわかっていれば。むしろボールばかり見て、ボールに反応してしまうと敵と同じものを見てしまう。それよりも敵を見る作業が大事。味方を感じられれば、違う場所で待ち合わせができる」

例えばパスを受けるために動いても、ＤＦにとって受け手とボールの両方が視野に入っている場合、受け手がどこでパスを受けようとしているか容易に予想できる**（図4）**。これではいくら頑張ってマークを外そうとしても敵から逃れるのは難しい。

このケースなら、むしろパスの出し手のほうがＤＦの動きを見て、その逆をつけばマークは外れる**（図5）**。受け手は移動し終わって止まっていて、ＤＦはまだ動いている最中か止まろうとしている直前とすると、ＤＦの「矢印」と反対へ緩いパスを転がせば、受け手のほうが速く反応できるのでマークを外すことができる。もちろん受け手のほうも、このズレたパスの意図を瞬時に理解する、あるいは予めそれを狙っていることが成立の条件だ。このケースでは出し手側が敵を見て逆をついているが、受け手もそれを感じていることで「違う場所で待ち合わせ」ができている。「敵と同じもの」ではなく違うものを見ていることになるわけだ。

［図4-1］

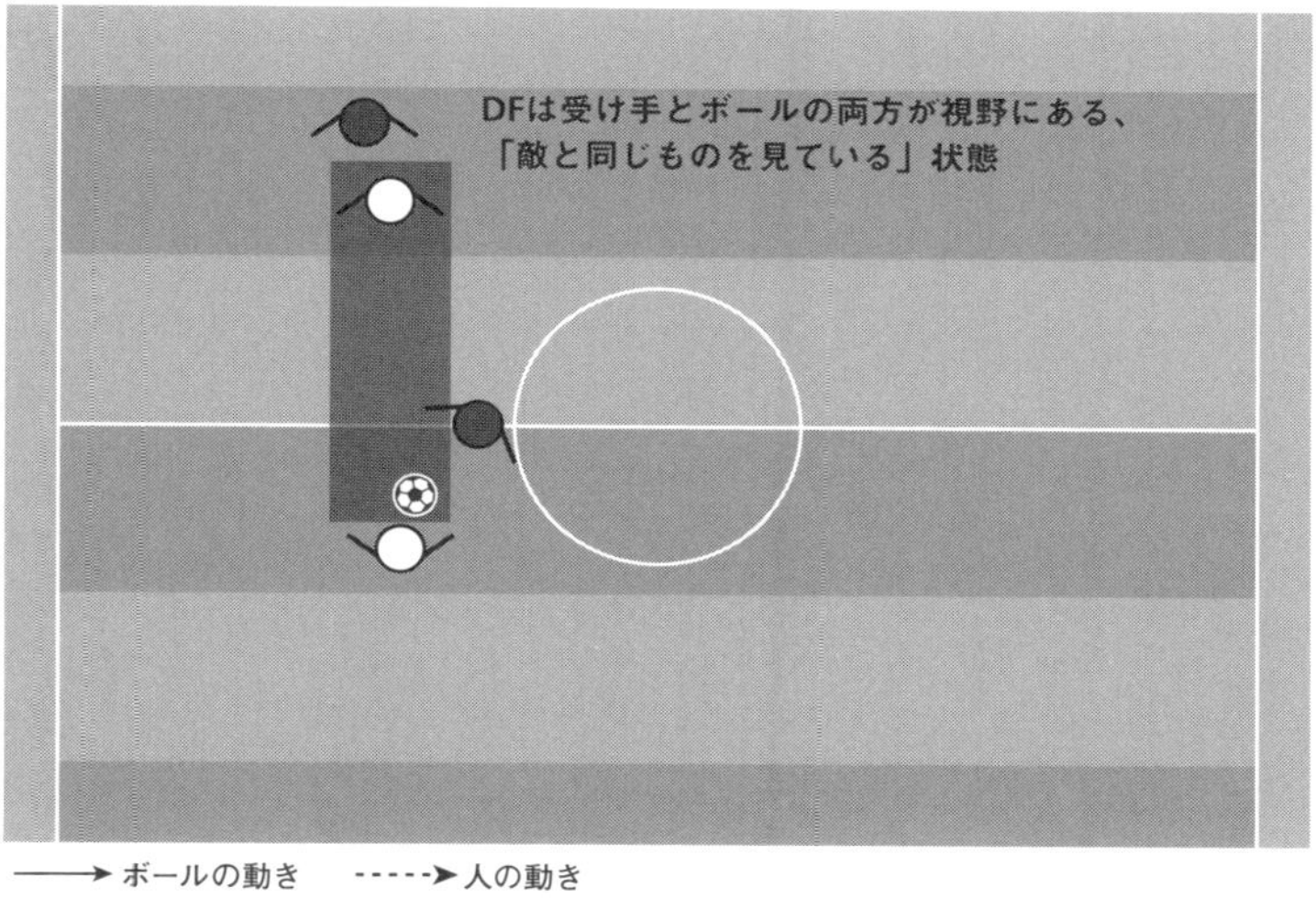
DFは受け手とボールの両方が視野にある、
「敵と同じものを見ている」状態
ボールの動き
人の動き

［図4-2］

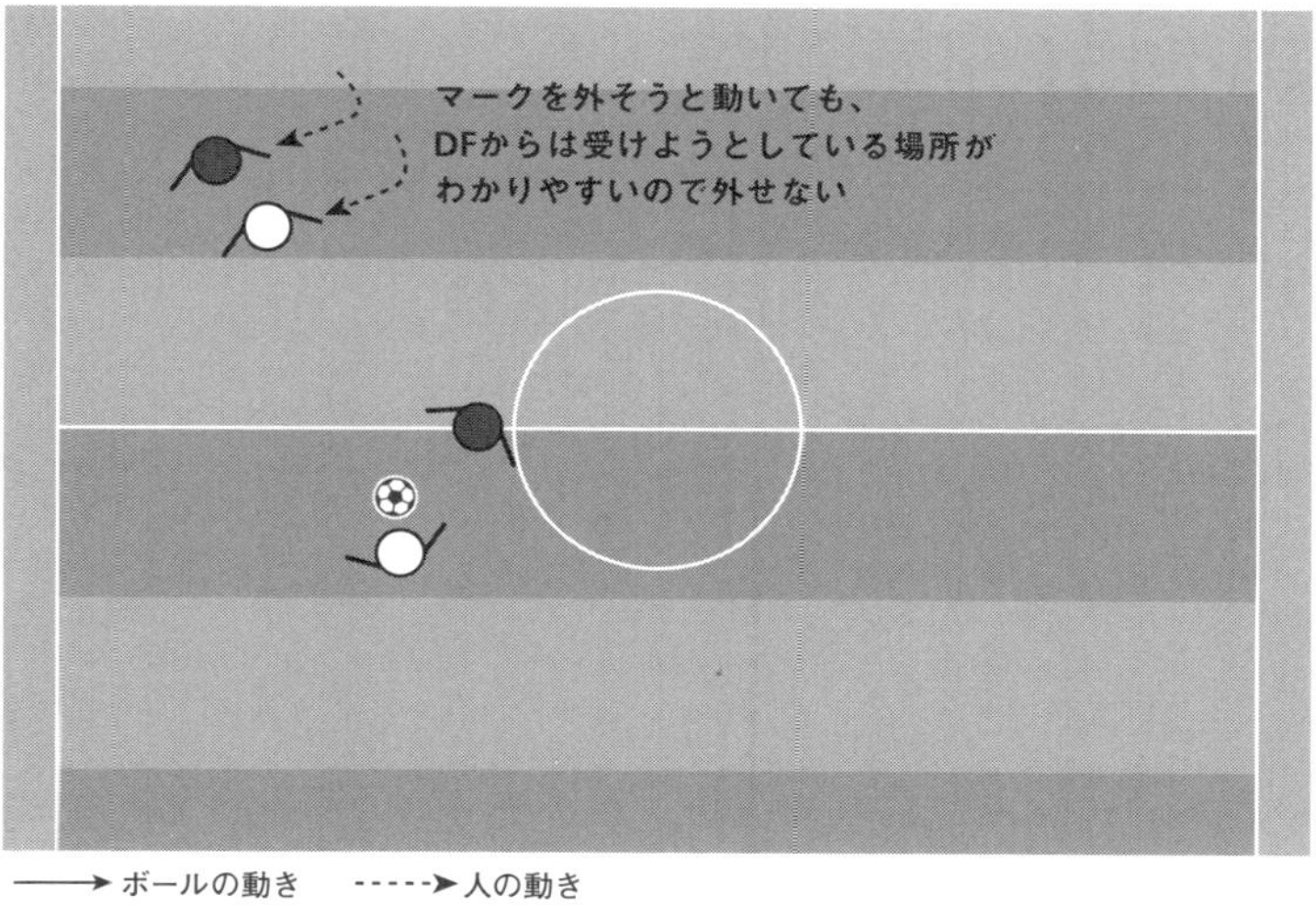
マークを外そうと動いても、
DFからは受けようとしている場所が
わかりやすいので外せない
ボールの動き
人の動き

［図5-1］

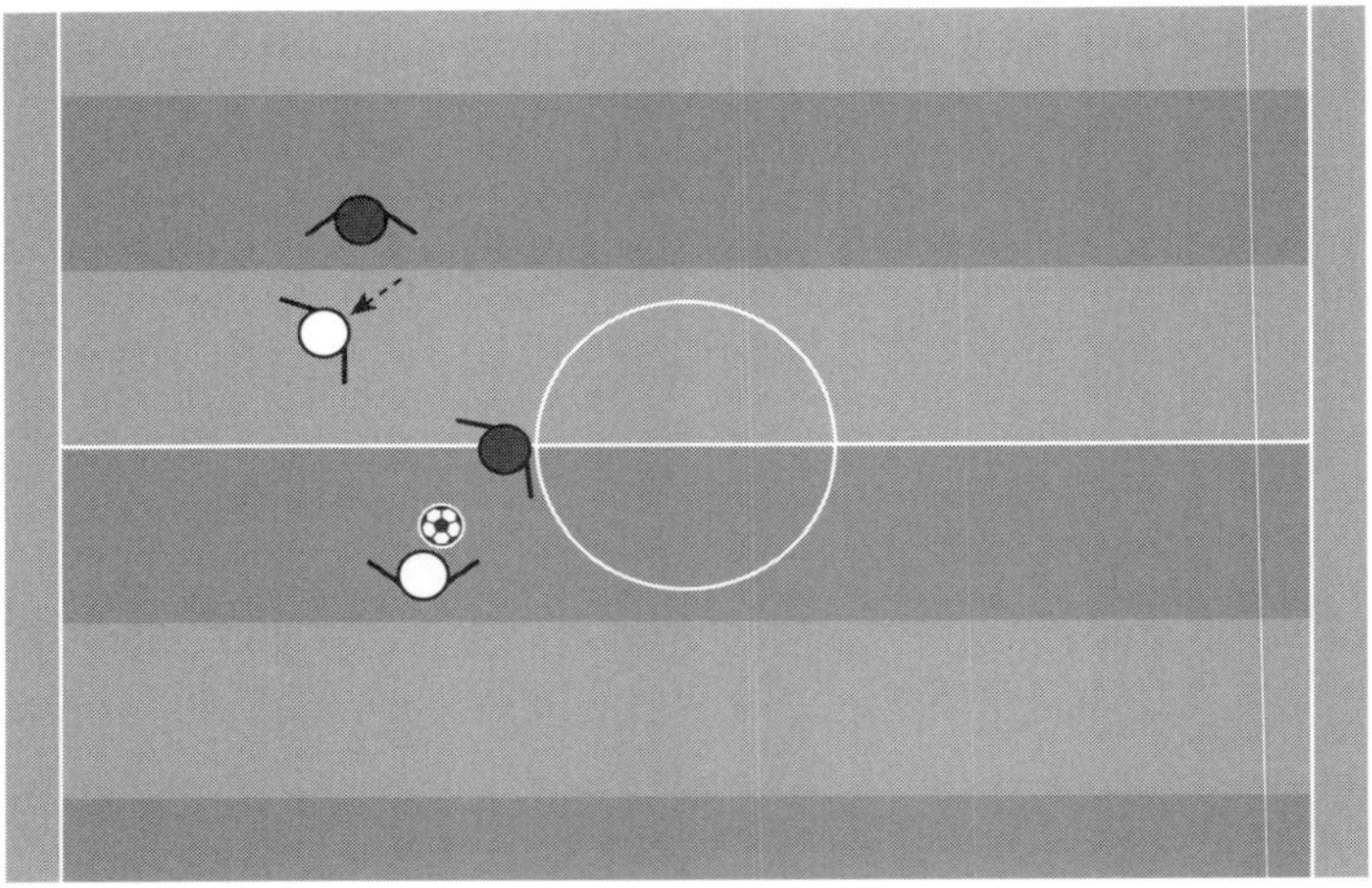

──→ ボールの動き　- - - - -➤ 人の動き

［図5-2］

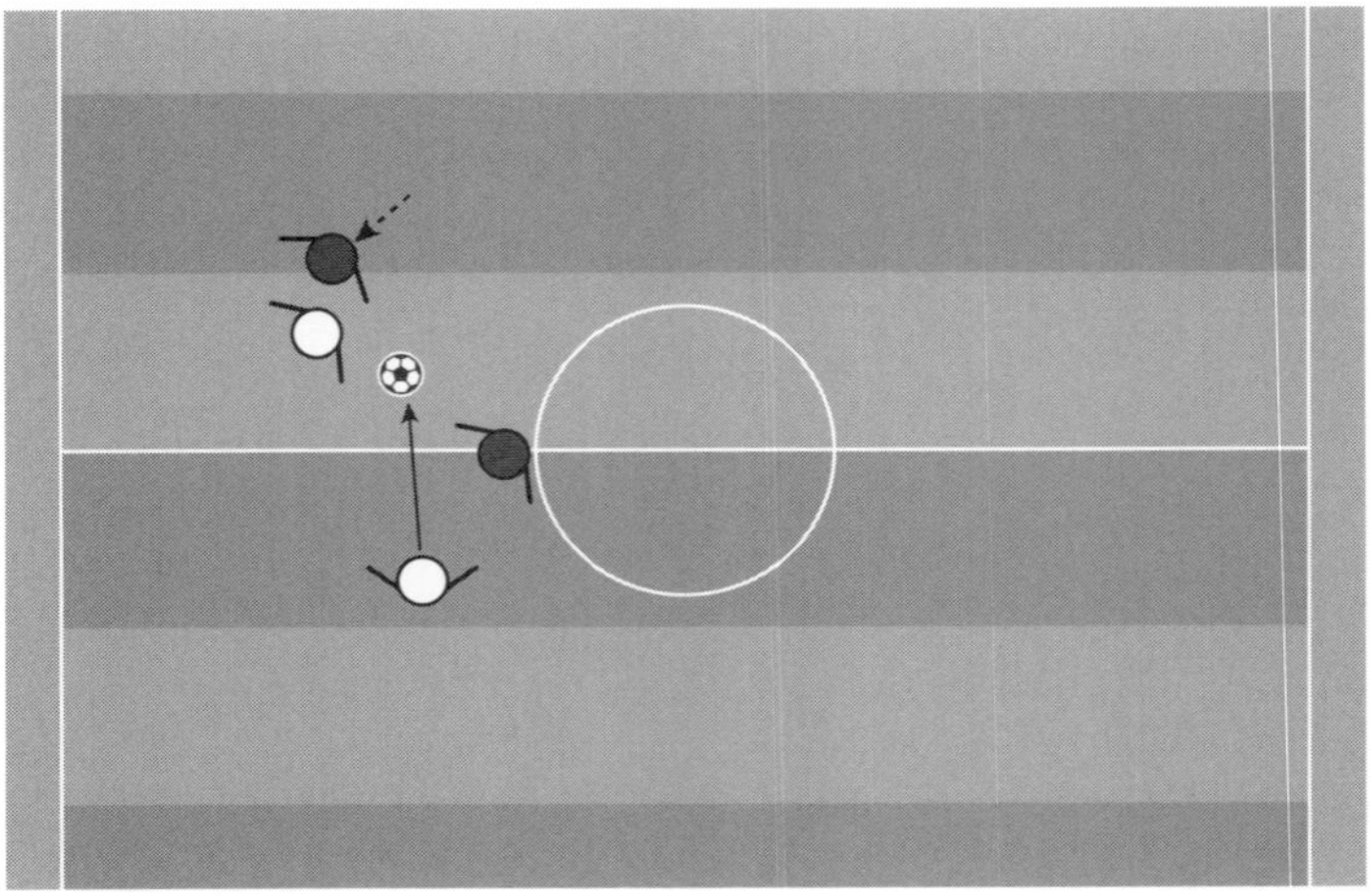

──→ ボールの動き　- - - - -➤ 人の動き

［図5-3］

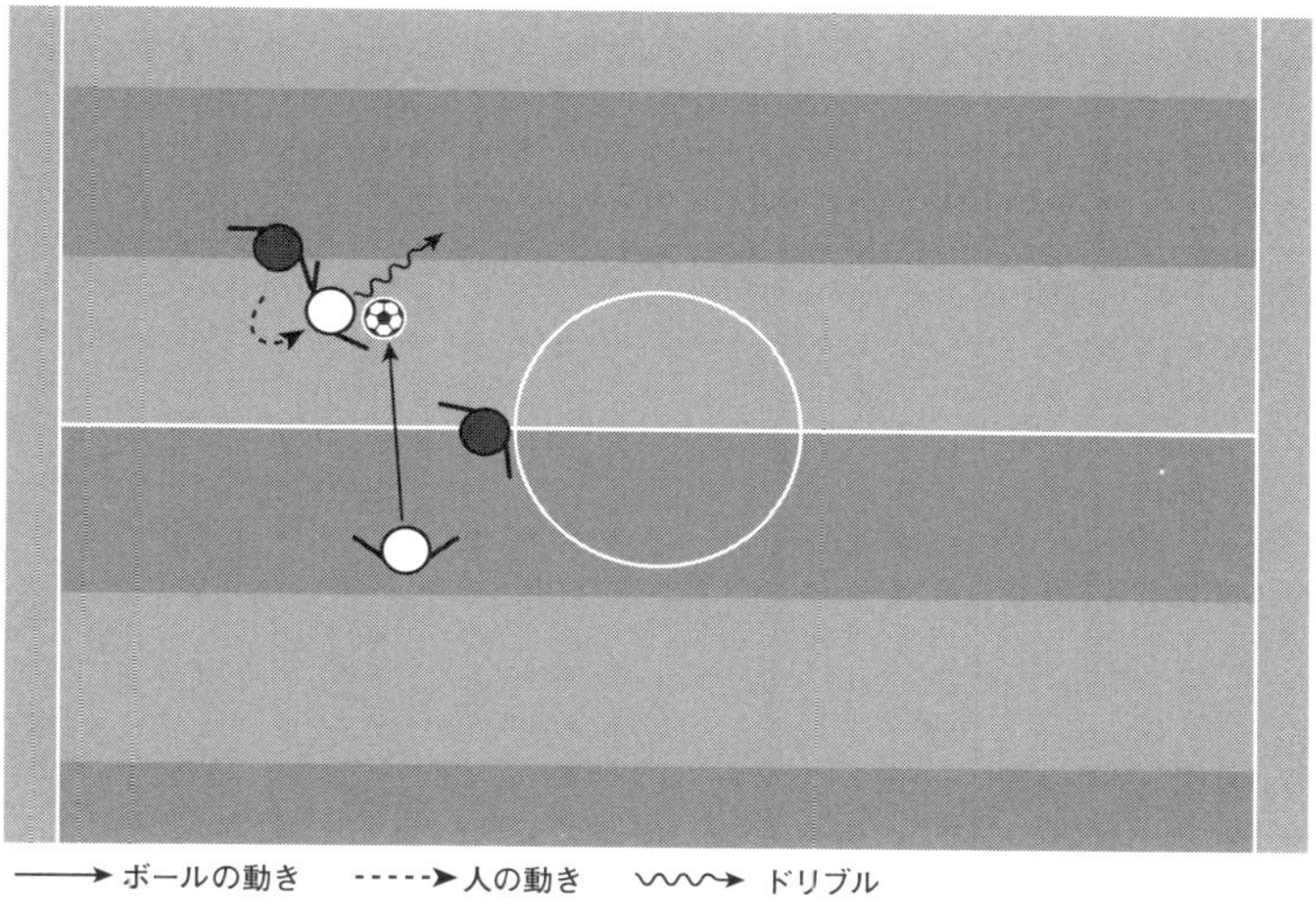

「味方だけを見てパスをつなごうとするから、敵が入るとわからなくなってしまう。味方も見ますけど、むしろ『敵の一歩』を出させてしまえばいい」

敵がわからない場所で味方と「待ち合わせ」をする。それには「敵と同じもの」をみてはいけない。つまり、パスの出し手と受け手の意図が一致していて、なおかつそれが敵にはわかっていないということだ。どうしてそれが可能になるかというと、パスの受け手と出し手のどちらもが、「敵の一歩」をパスの合図とすることで考えが一致しているから。敵の矢印が出る、そのとき自ずとパスを受ける場所（＝出す場所）が決まってくるからである。

【敵と同じものを見ない】

敵に予測されやすい動き方をしないこと

敵がボールと受け手を同一視野に収められないようにする

【敵の一歩がパスの合図】

敵の矢印が出ていれば自ずとパスを受ける場所が決まる

「違う場所で待ち合わせ」ができる

外す

最終ラインの1人を壊すこと

【外す】
パスを受けて敵の最終ラインを突破すること
DFに仕掛けて、外す

風間さんのいう「外す」は、「受ける」よりも相手ゴールに近い場所で行われる仕掛けのパスレシーブだ。いつ、どこで、どう、この3つについては「受ける」と変わらないが、相手のディフェンスラインに仕掛けていく段階では、相手の背後で止まってパスを受ければオフサイドになってしまう。「外す」はより緻密で瞬間的な駆け引きが必要になってくる。

［図6-1］

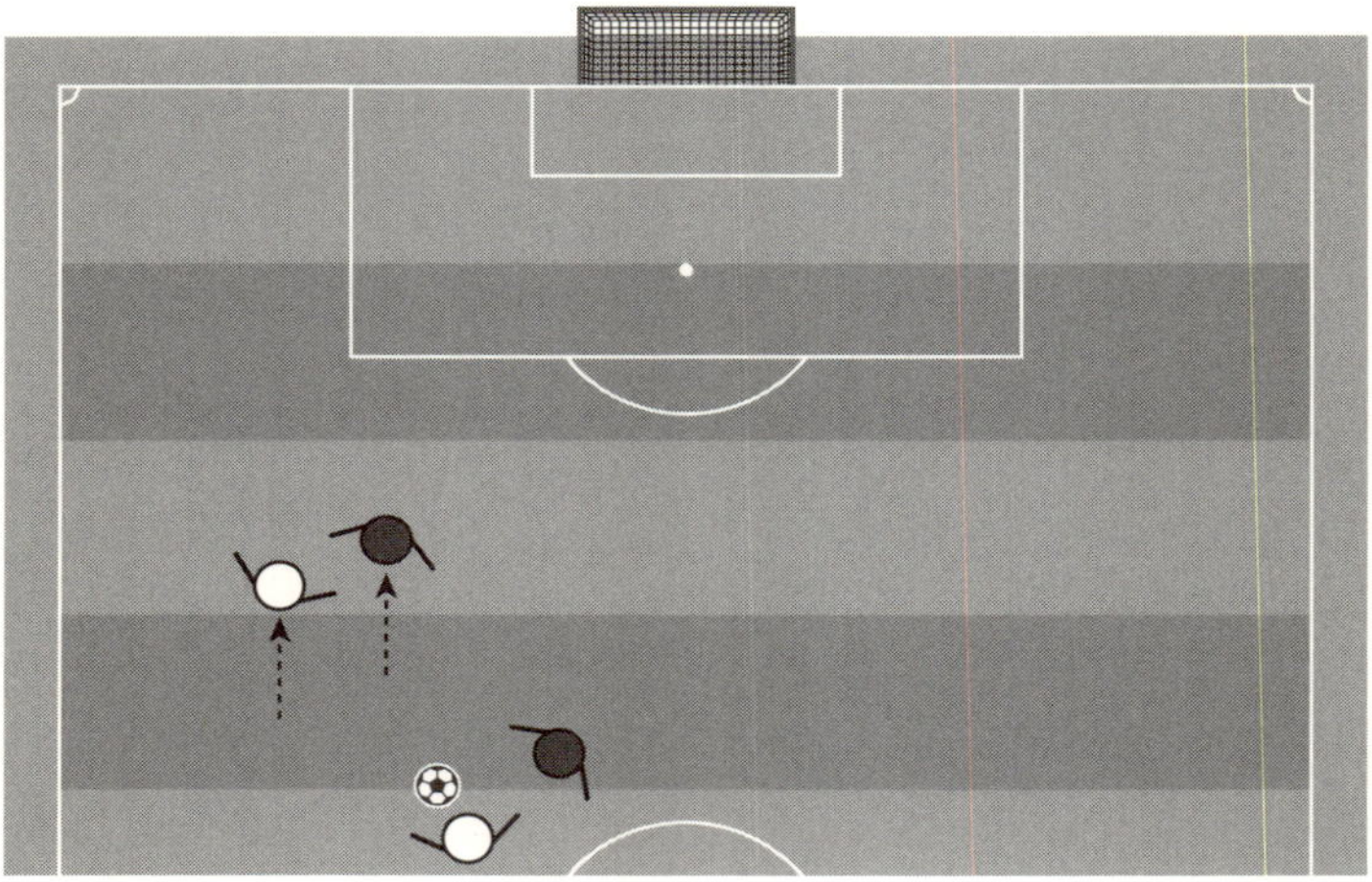

——→ ボールの動き　- - - - -→ 人の動き

［図6-2］

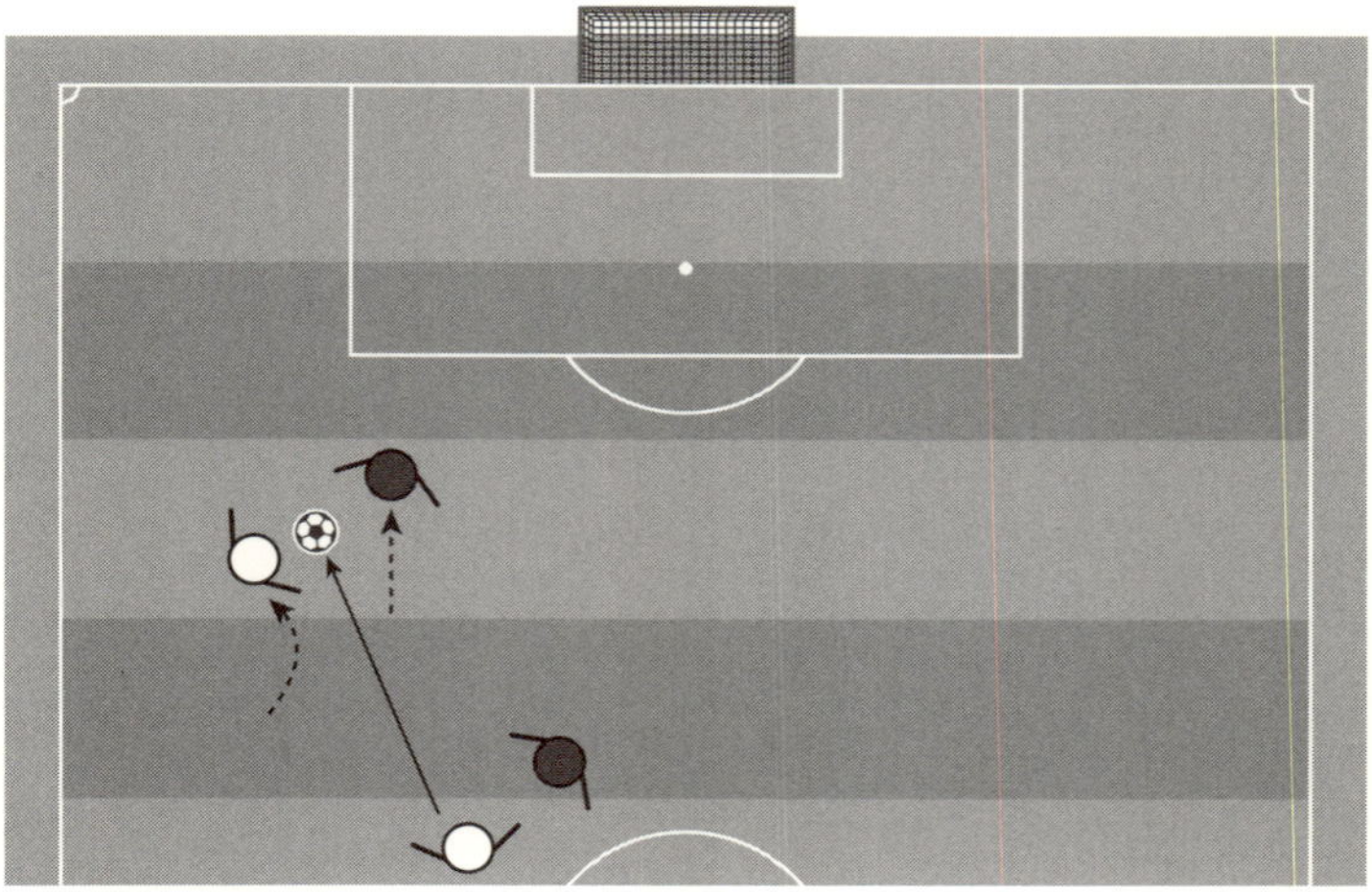

——→ ボールの動き　- - - - -→ 人の動き

［図7］

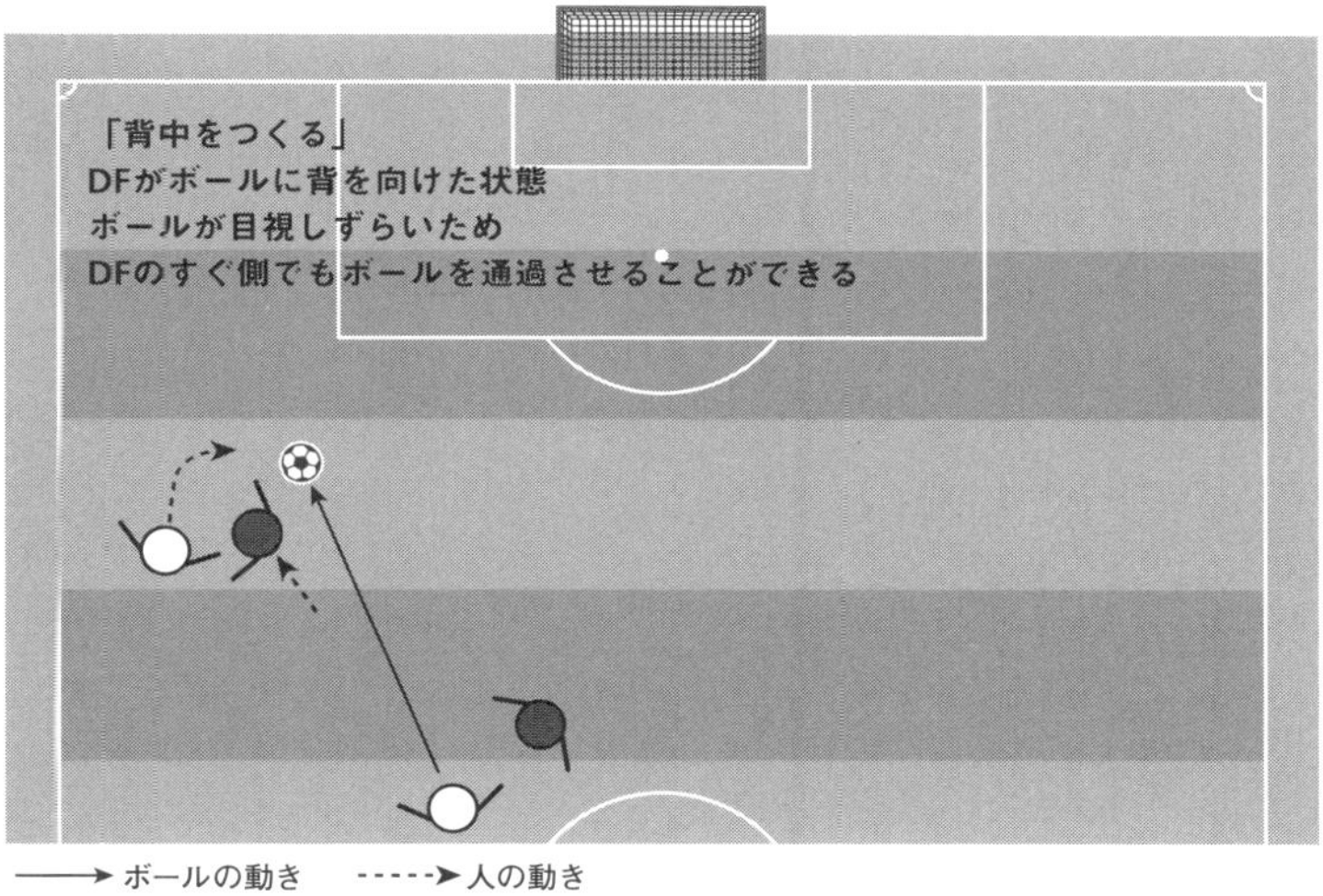
「背中をつくる」
DFがボールに背を向けた状態
ボールが目視しずらいため
DFのすぐ側でもボールを通過させせることができる
ボールの動き
人の動き

「基本的には仕掛けて外す。敵が動いていればパスコースを作るのは難しくない」

例えばFWとDFが並走している状態なら、受け手がDFの動く「矢印」を少し外してスッと動けばパスコースは作れる（**図6**）。

「『背中をつくれ』と言うのですが、パサーから見てDFが背中を向けている状態を作れば、DFのすぐ側でもパスを通すことができます（**図7**）。たまにDFの背中とか後頭部にパスをぶつけてしまったりしますが、逆に言えばそれだけDFはボールが見えていないわけです」

「外す」も「受ける」の一種には違いない。ただし、「一歩を速く予測する」必要がある。

「一歩を見逃したらダメです。中盤なら二歩

［図8］

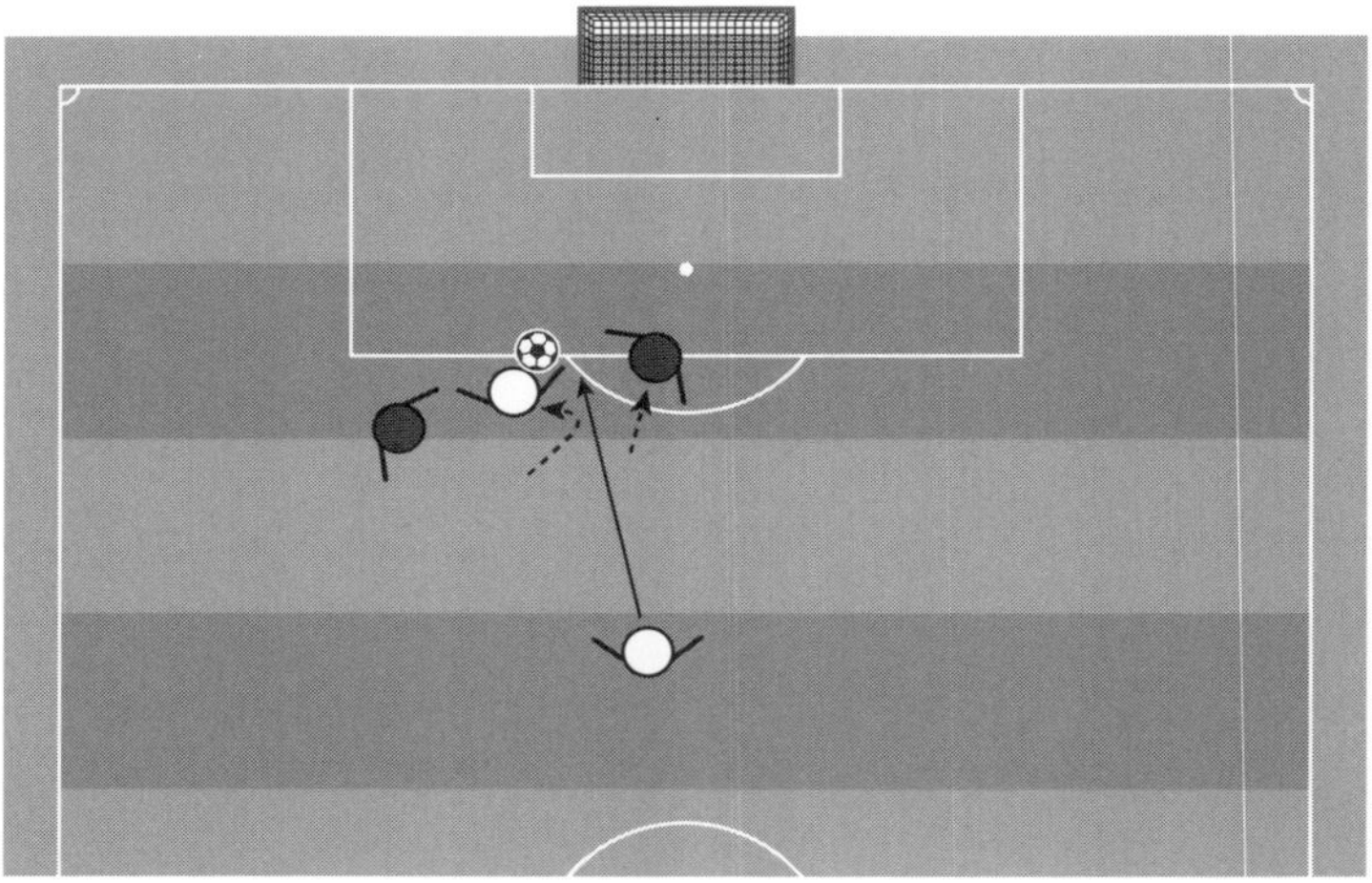

ボールの動き　人の動き

でも間に合いますが、ペナルティーエリアへかかるところでは一歩が勝負です。つまり、予測をしないとパスが遅れてしまう」

風間さんが予測を速くと強調しているのは、例えば（**図8**）のような状況でのパスのタイミングに表れてくる。この一連の動きを分解してみよう。

まず、FWがDFに対して仕掛けて、「一歩」を出させた（**図9－1**）。次の瞬間にFWはDFの「矢印」からズレる（**図9－2**）。この段階で受け手はパスを受けられるスペースを確保している。ところが、出し手がこの状態を見てからパスを出すのでは遅いのだ。プル・アウェイのアウェイを見てパスを出すのでは、ボールが届くまでにDFが体勢を立て

[図9-1]

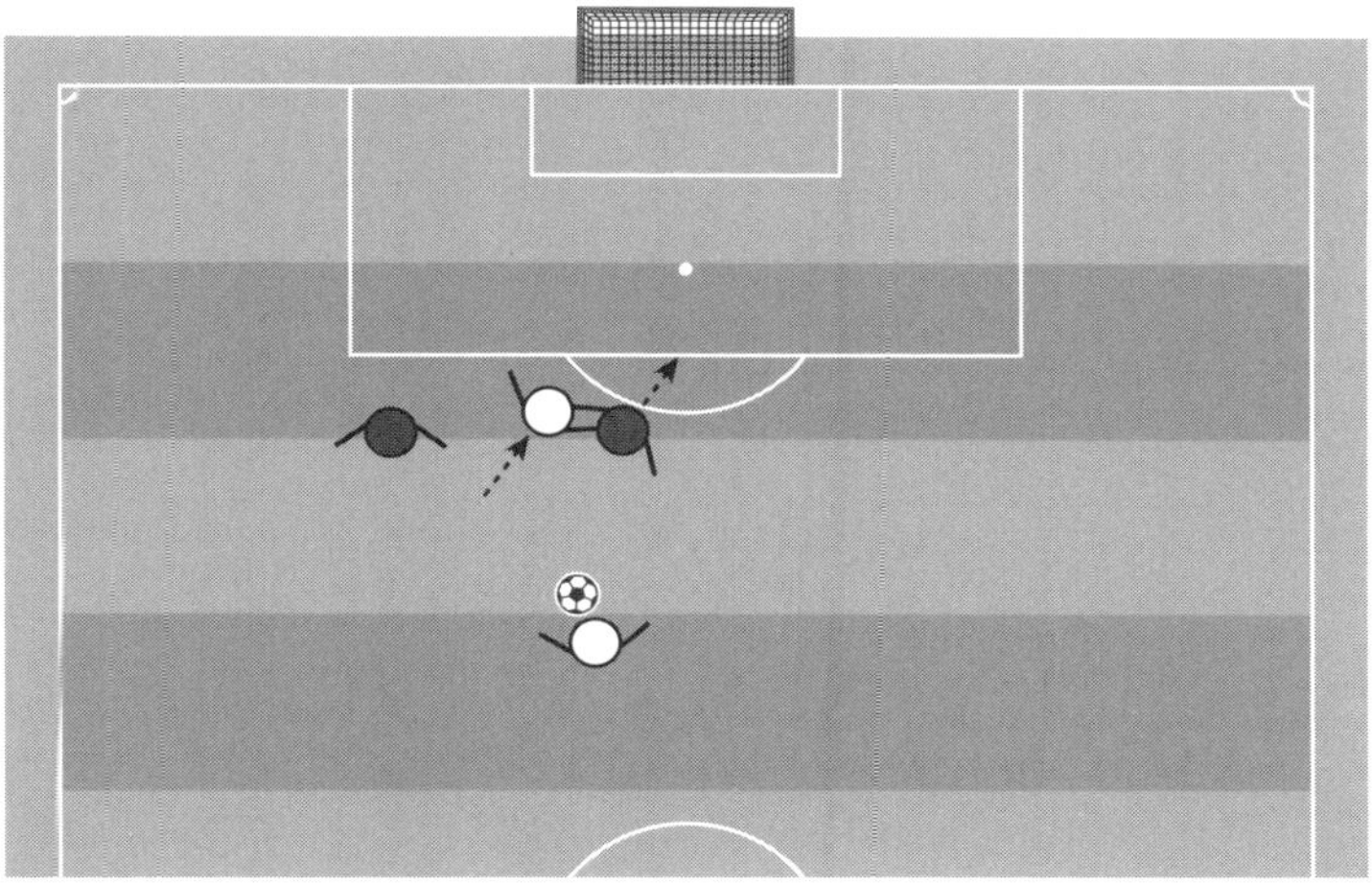

ボールの動き　人の動き

[図9-2]

ボールの動き　人の動き

［図9-3］

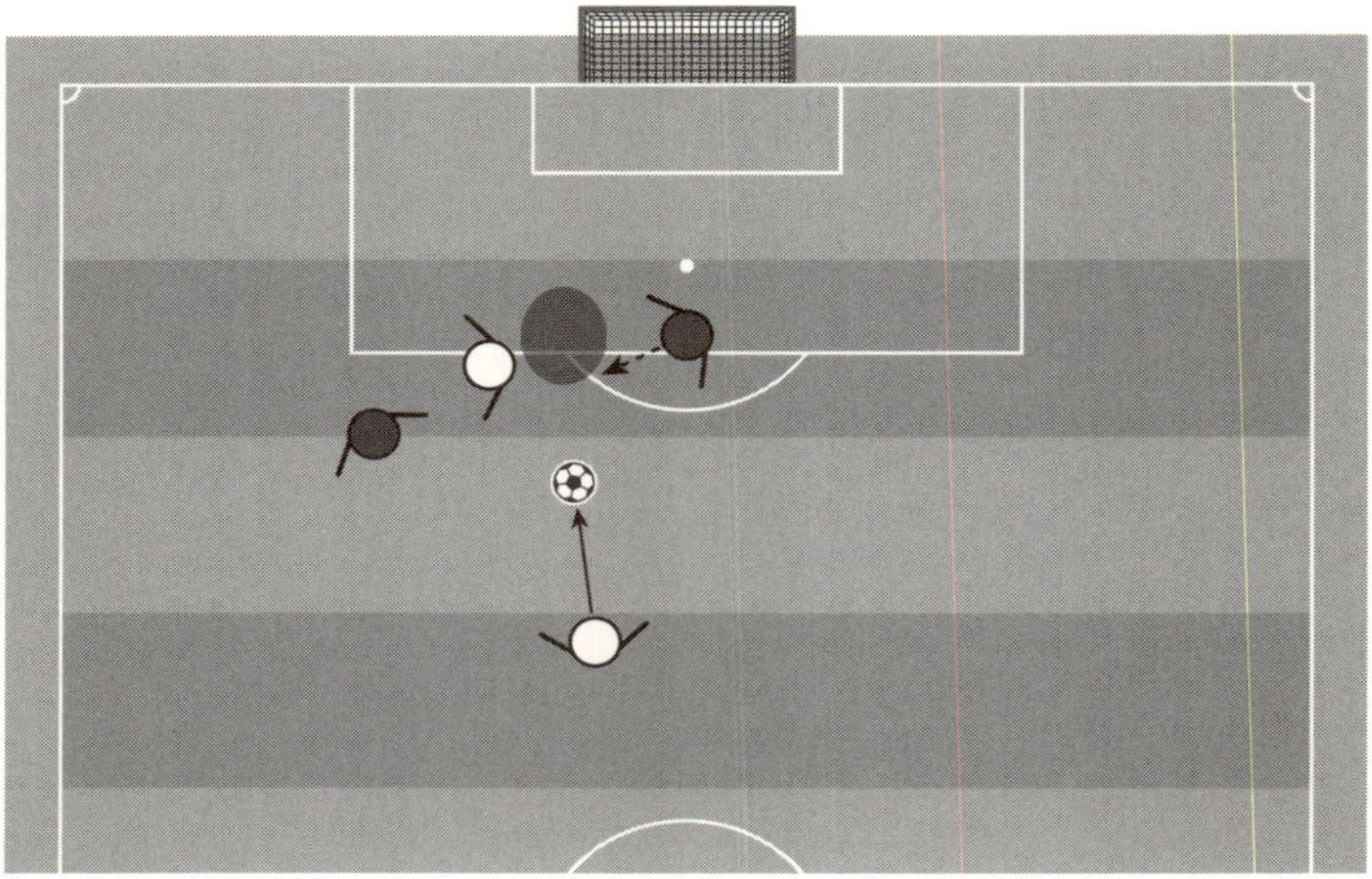

［図9-4］

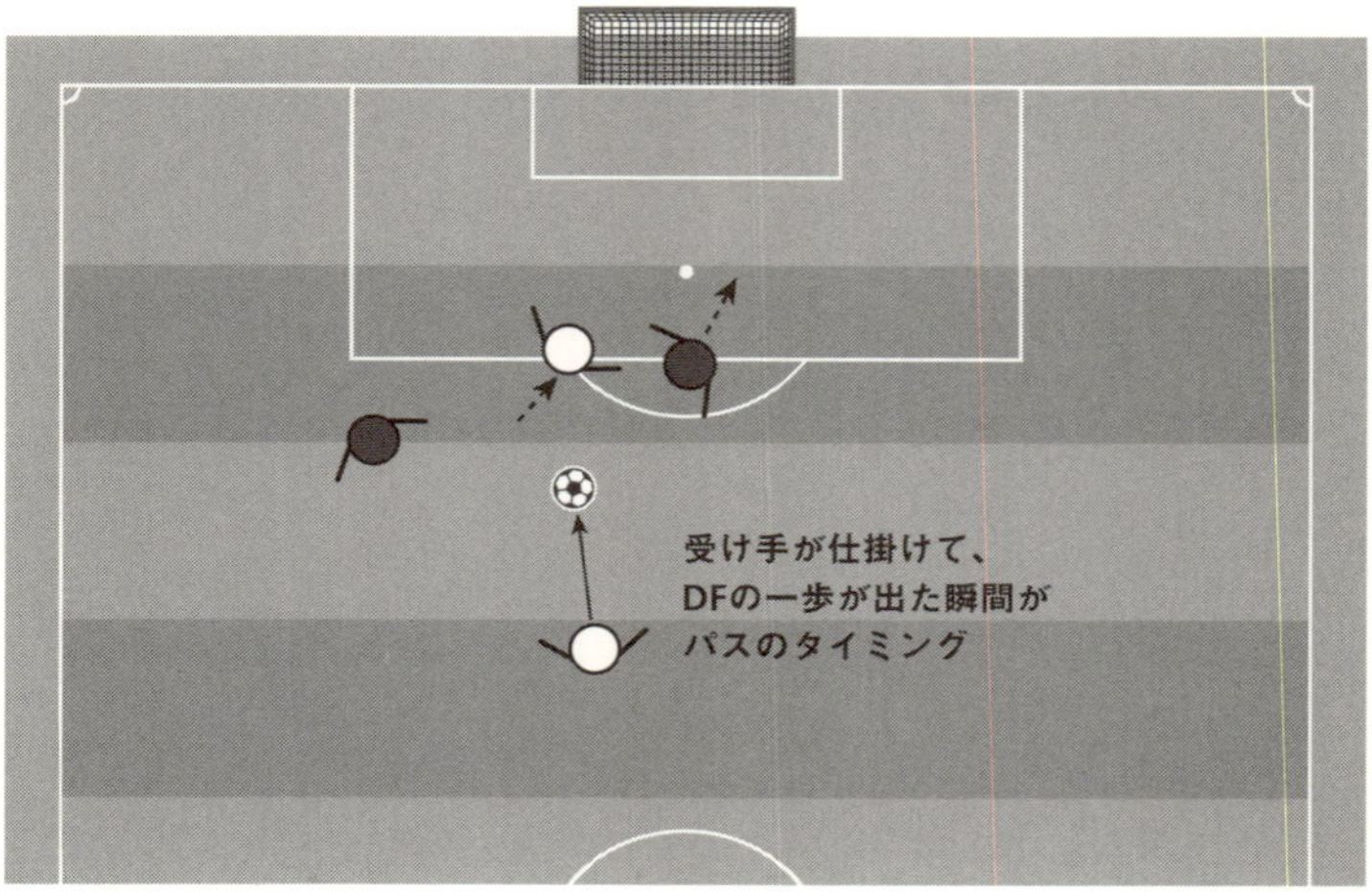
受け手が仕掛けて、
DFの一歩が出た瞬間が
パスのタイミング

［図9-5］

敵を外したときに
ちょうどパスが
到達している

直して守備に入る可能性があるからだ（図9-3）。プルの段階でアウェーを予測し、その瞬間にパスを出せばジャストだと風間さんはいう（図9-4、5）。

「FWが動ききった後にパスを出すとオフサイドになりやすいですし、DFも動き直しができる。DFが下がった瞬間にパスを出すことが大事です。『当ててやる』感覚ですね。受け手が外した動きを見て、その残像でパスを狙うとけっこうボールが抜けてしまうんです。スペースを狙うのではなく、受け手の動きを予測して足下にボールを当ててやるイメージです」

そして、風間さんは「外す」について「敵の1人を壊すこと」だと表現する。

フリーの定義を変える

【出したら寄る】
パスしたら受け手に寄っていくことで数的優位を作る
数的優位ができるのは瞬間だが、それを続けていけば崩せる

「組織を壊すのではなくて、誰を壊すかなんです。いつ、誰を、壊すか。組織で大きく見てしまうとかえってわからなくなりますよ」

3対3の状況で想定してみよう（**図10**）。受け手は2人いるが、それぞれマークがついている。誰もフリーになっていない。

「相手のゴール前で誰かがフリーでいる状況なんて、なかなかないですよ。最初からフリーな選手はまずいない。パスを出して、出した先で何かやらせようとするなら、1対1が2つあるだけです。けれども、パスを出した選手が動いて受け手に近づけば、瞬間的には3対2になります」

［図10］

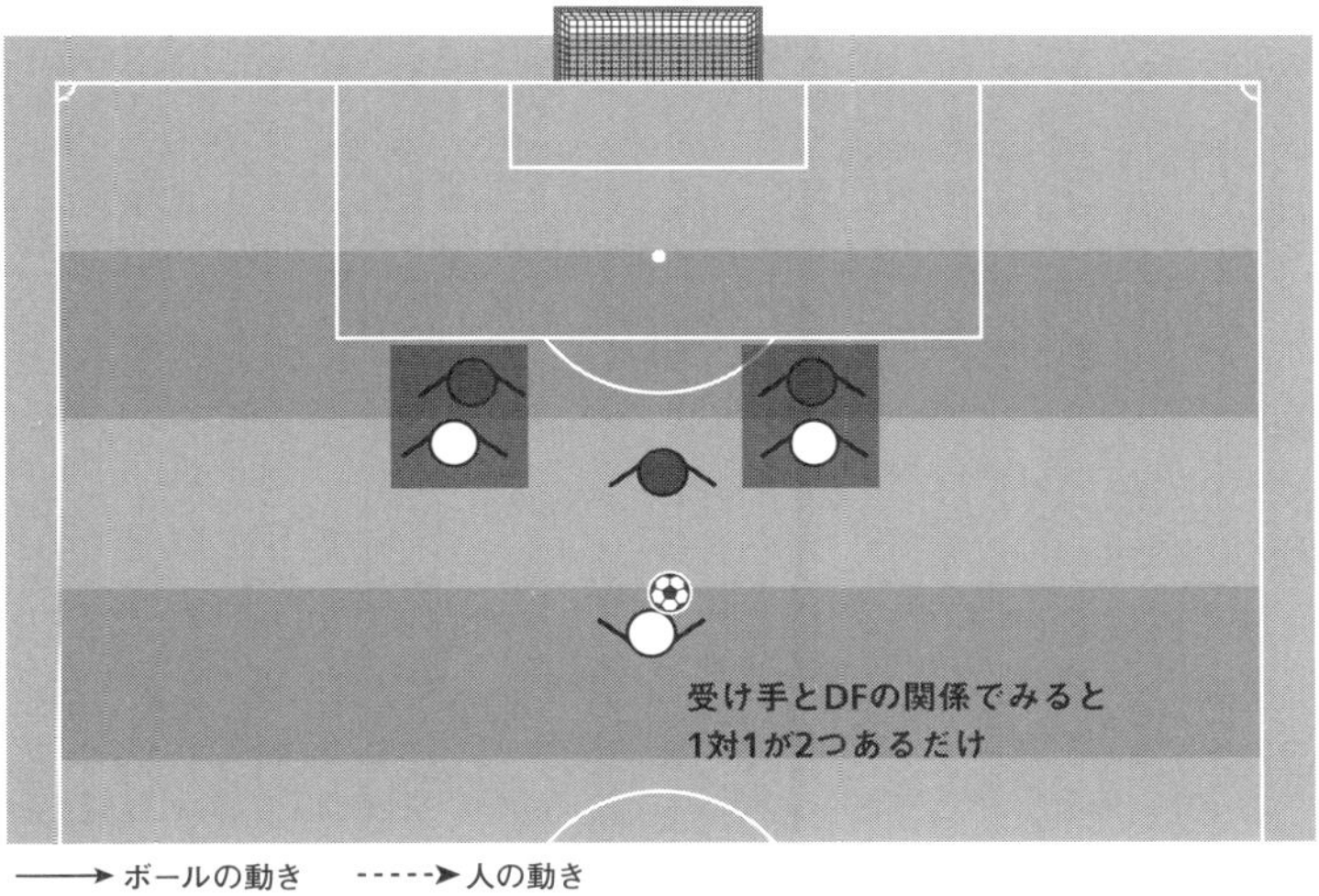
受け手とDFの関係でみると
1対1が2つあるだけ
ボールの動き
人の動き

パスを出した後、受け手に素早く近づけば瞬間的にフリーになれる。一時的にせよ3対2の数的優位を作れるわけだ（**図11**）。

「パスを出して動き直せと言っても意外と通じません。出したら寄れと言ったほうが通じます。ただしパターンではありません。パターンではなくて共通の認識があるかどうかが大事。最初の絵でイケると思うかどうか。サッカーはボールホルダーの意思でスタートしますから、守備は後手にしかならない。必ず先手はとれる。パスを出して寄るときに、DFがそれを予測して先に動いたら、その逆をとればいいわけで。出して寄る、ができるようになると相手もマンマークでは抑えられなくなります」

［図11］

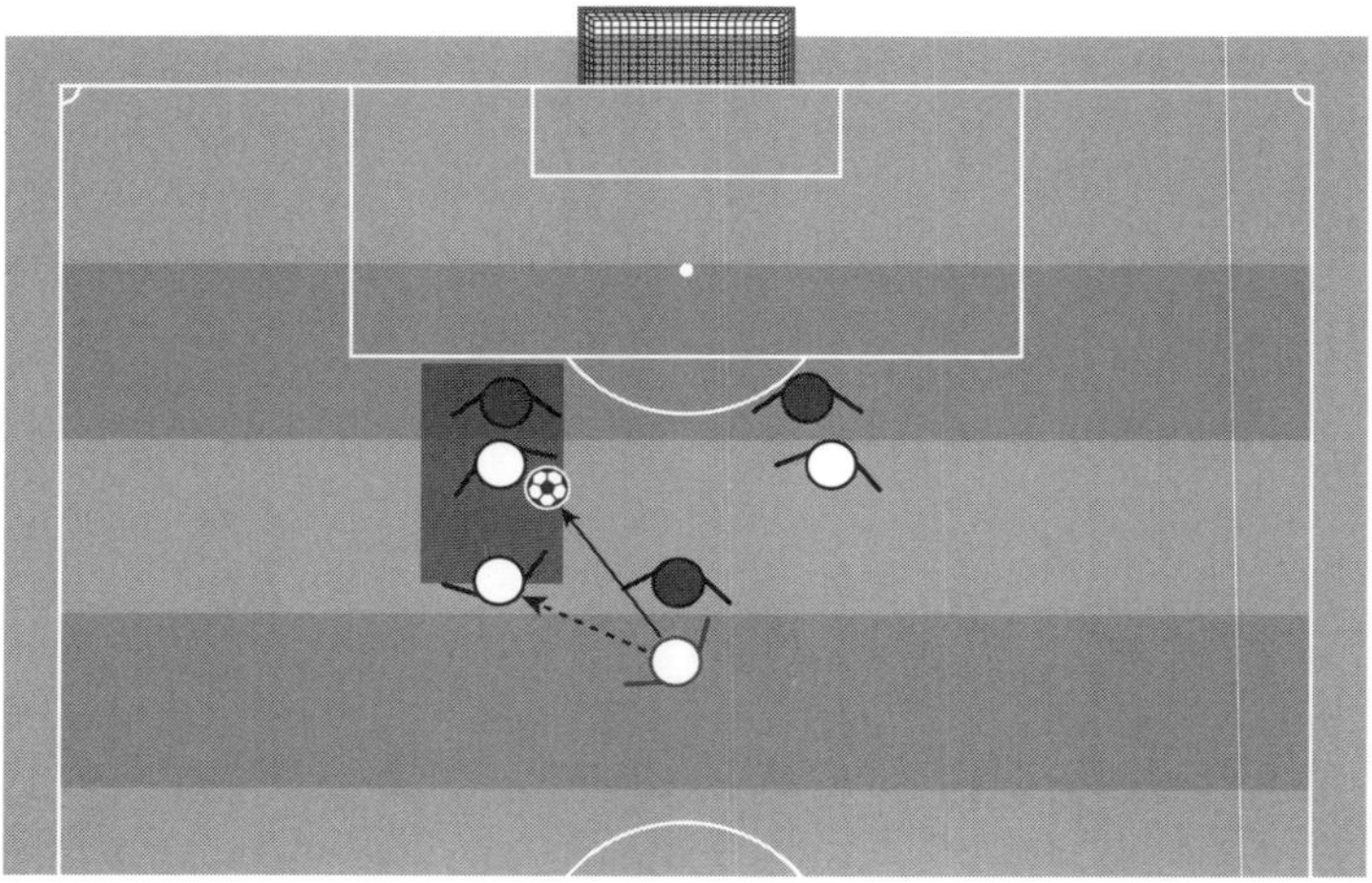

→ ボールの動き　- - - -→ 人の動き

出して寄る。いわゆるパス＆ゴーなのだが、「寄れ」と言い換えているところが風間さんらしいと思う。パスしてすぐに動くと、瞬間的に対面の敵を置き去りにできる。先手をとれる。そのまま受け手に近寄れば数的優位になるわけだ。対峙していた敵は、背後にボールを出されると振り向いてボールを見なければならないぶん、パスを出した選手を見失いやすい。それだけ必ず反応が遅れるのだ。それを嫌って、こういう場面ではパスを出した選手に体を当てに行くＤＦもいる。ファウルにならない程度に妨害して、振り切られないようにするわけだ。あるいは、展開を読んで先に動く選手もいる。

「そのときは、相手が動いているのだから逆

［図12］

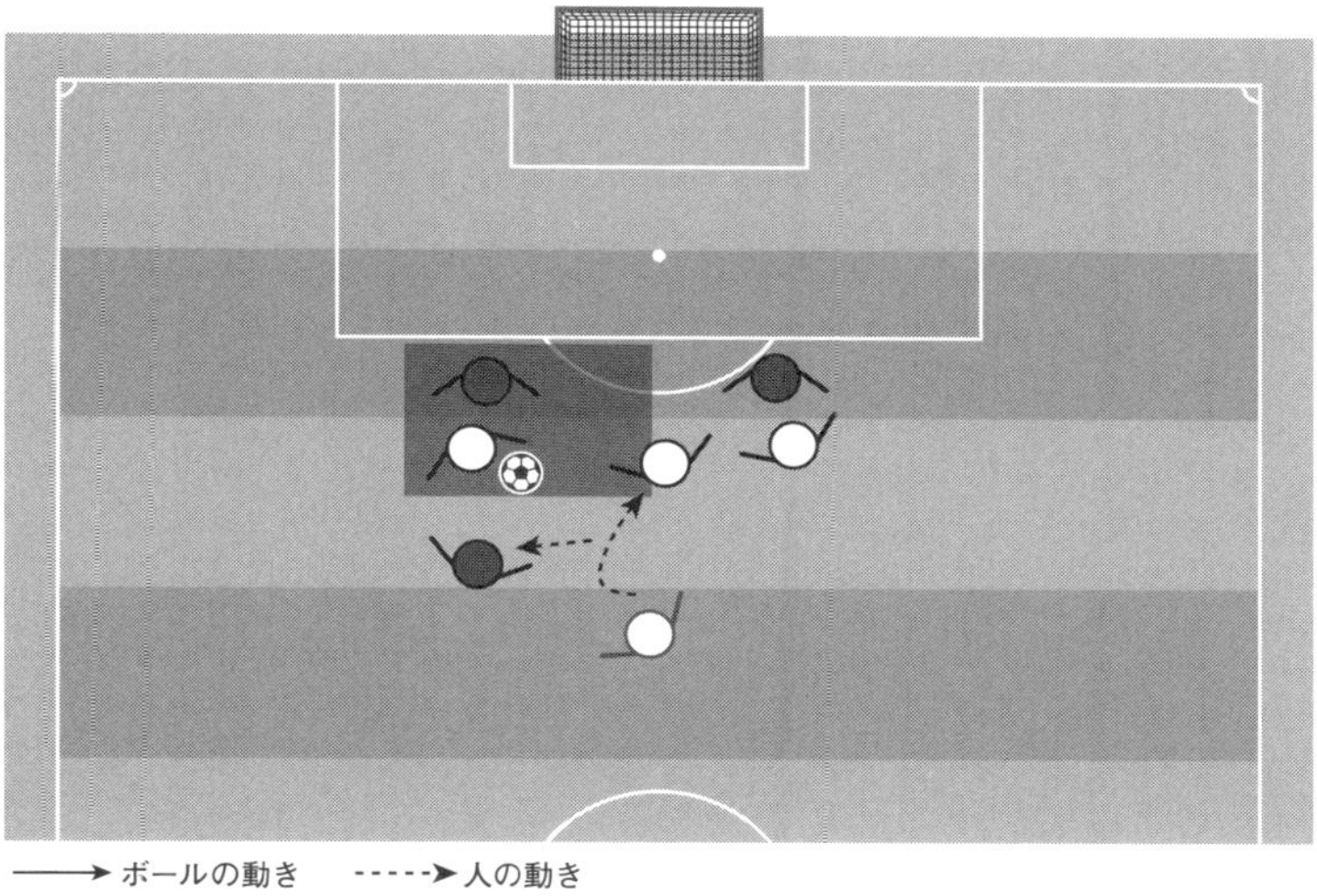

へ行けばいいだけ」

剣道でいうところの〝後の先をとる〟という感じだろうか（図12）。

「出して寄る」はシンプルな法則だが、それで1つフリーを作ることで確実に有利な状況を作れる。DFはポジションを修正しなければならないので、そこでまた隙が生まれてくるからだ（図13）。

ところで、出して寄るときの距離感はどのぐらいなのだろうか。

「10メートルぐらいでいいんじゃないですか。5メートルでも出来ますし、2メートルでもやれないことはない。逆に30メートルでは無理ですね」

出して寄るとしても、30メートルのパスを

［図13］

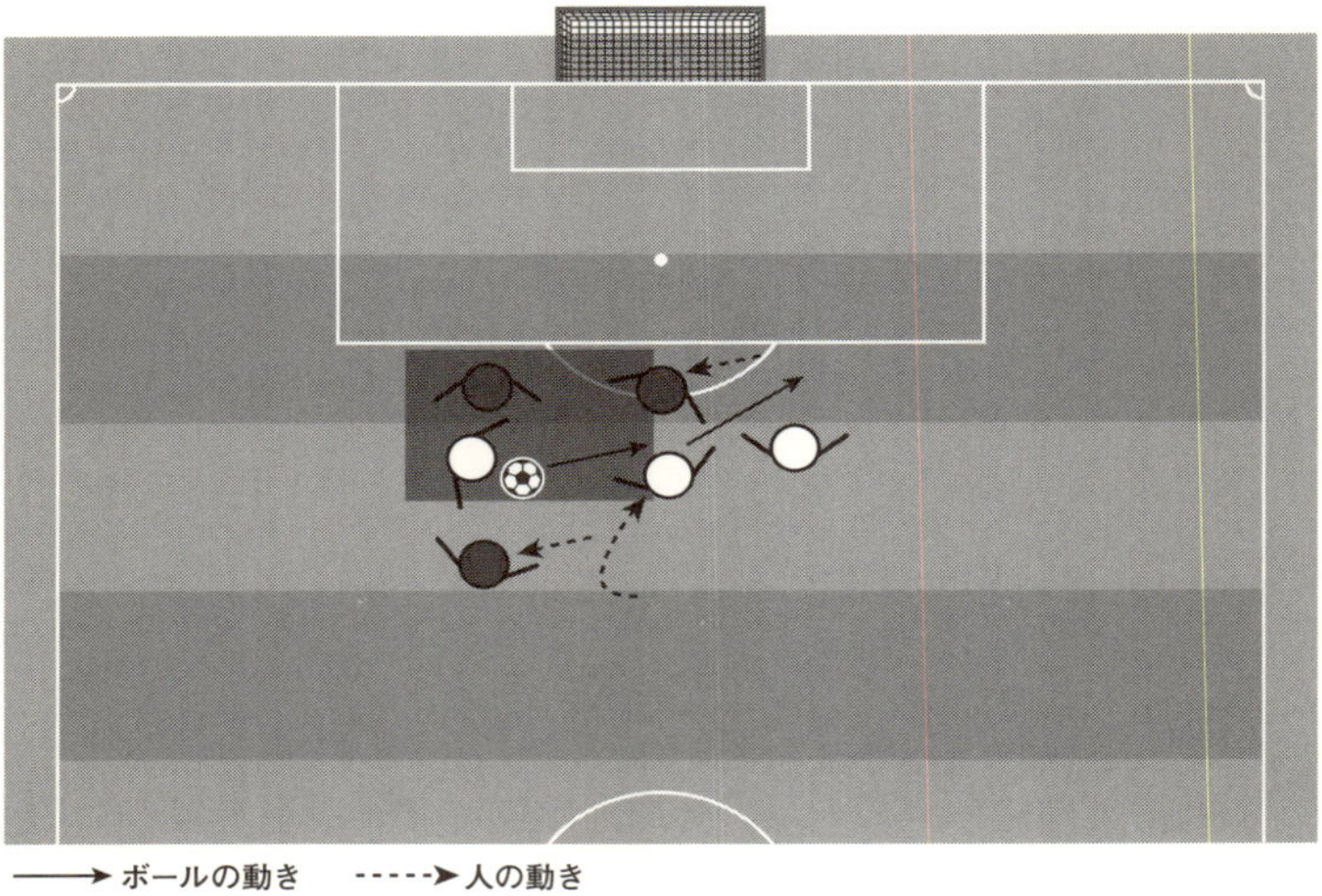

出して寄っていってもも時間がかかってしまうので守備側も反応できてしまう。「出して寄る」のアドバンテージは、守備の反応を後手に回すことにあるので、守備側のリカバリー時間を短くすればするほど攻撃側には有利になる。ある意味、狭ければ狭いほど効果があるわけだ。ただし、あまりに狭すぎると攻撃側もパニックになってしまうこともある。狭い中でも先手をとり続けるには、動きもパスもスピードがある中で的確な判断ができなければならない。

「やはりボールが動いている間に見る、考えることです。ボールを見すぎないことですね。もちろんその時間はごく短いわけですが、トレーニングを積んでいけばできるようになってきます」

というわけで、風間監督はミニゲームを採り入れて狭い中でも見る能力を上げるトレーニングをしている。ミニゲームは多くのチームで定番のメニューになっているが、それをどう試合につなげるか。

「例えば、10メートル四方で上手くやれるとします。ここでありがちな失敗は、フルサイズになった途端に距離感を広げてしまうことです。狭いからパスがつながっているのに、ピッチに合わせて距離を拡大してしまう。そうすると連係ができなくなって、個人個人になってしまう。距離を変える必要はないんですよ。10×10メートルで出来ているなら、フルサイズになっても同じ距離でパスを回して、10×10を移していけばいいだけです」

風間さんは「敵の動きを見ていればいい」という。

「結局は組織を壊すのではなく、誰をいつ壊すか。相手が速くなったらそれを利用する。自分たちが速すぎたり、動きすぎたりしないように。回数を積んでいけば、敵の一歩が見えるようになってきます。それが見えないと、動きすぎてしまう」

遊び球とファイティングポーズ

ここでディフェンスラインからのビルドアップを例に、「遊び球」について風間さんの考え方を紹介したい。

例えば、CBがボールを持っている。ここから比較的フリーでいるSBへパスを出すと、敵はSBとその周辺に一気にプレスをかけてくる（**図14**）。しかし、CBとMFの間で短いパスを往復させておくと、たとえ同じCBからSBへのパスでも相手のプレスを軽減させることができる。こうした短いパスの往復を風間さんは「遊び球」と表現している。

「これね、真面目につなぐとやられちゃうんです。1つ遊び球を入れるだけでも、かなり状況は変わりますよ。パス交換の間に敵を見られますから」

ごく短いパスのポンポンというやり取りなので、相手はプレスしようとしてもノッキングしてしまう。遊び球1つで、相手の守備の連動を止める効果があるのだ。これも「敵の一歩」を出させる、または敵を止める工夫の1つといえる。

「前提として、CBのところでボールが完全に止まっていること。ここでボールが少しでも動いていたら、その時点でCBにサーッと寄せられてしまいますから。CBのところで

［図14-1］

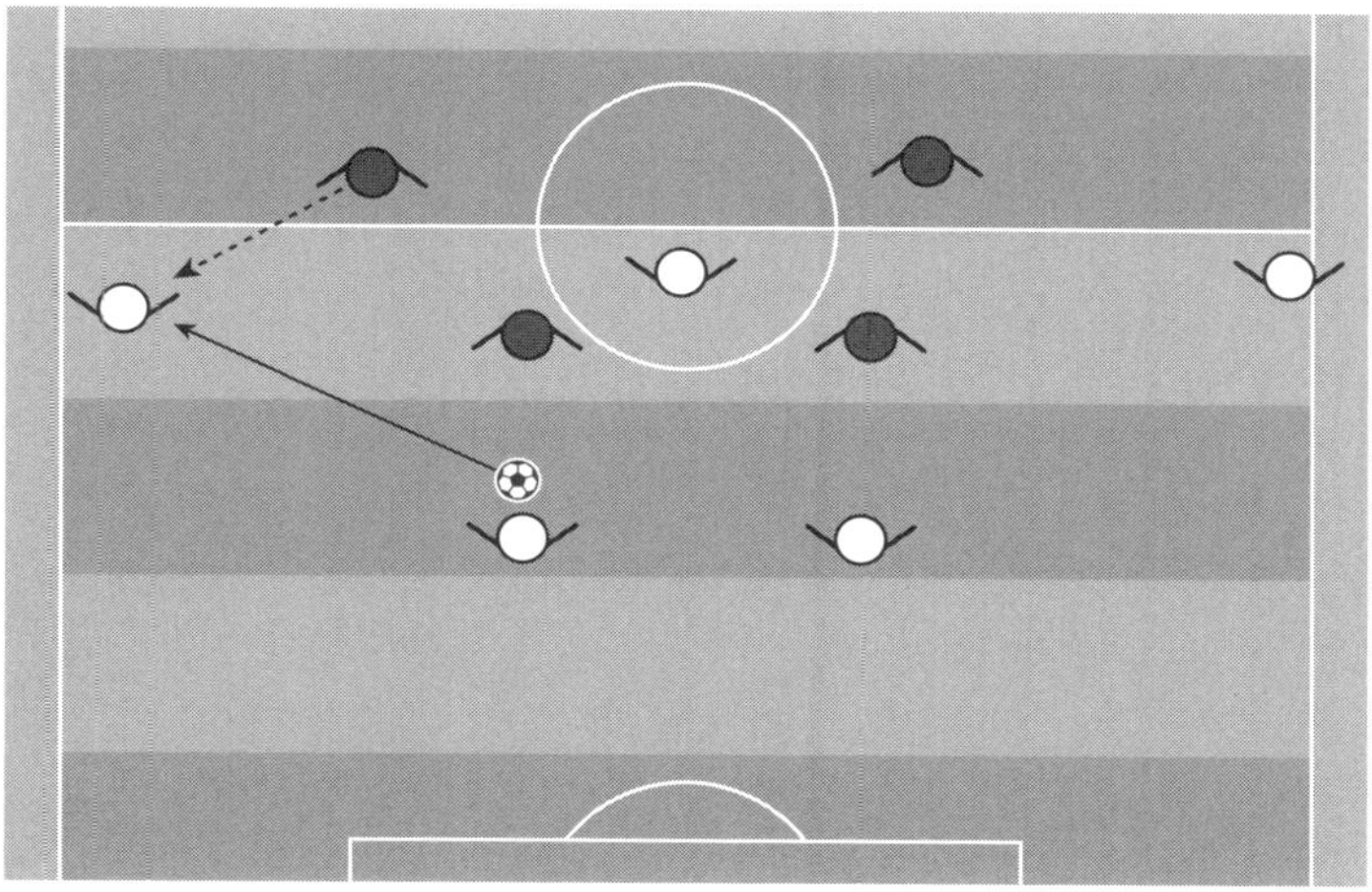

──→ ボールの動き　-----➤ 人の動き

［図14-2］

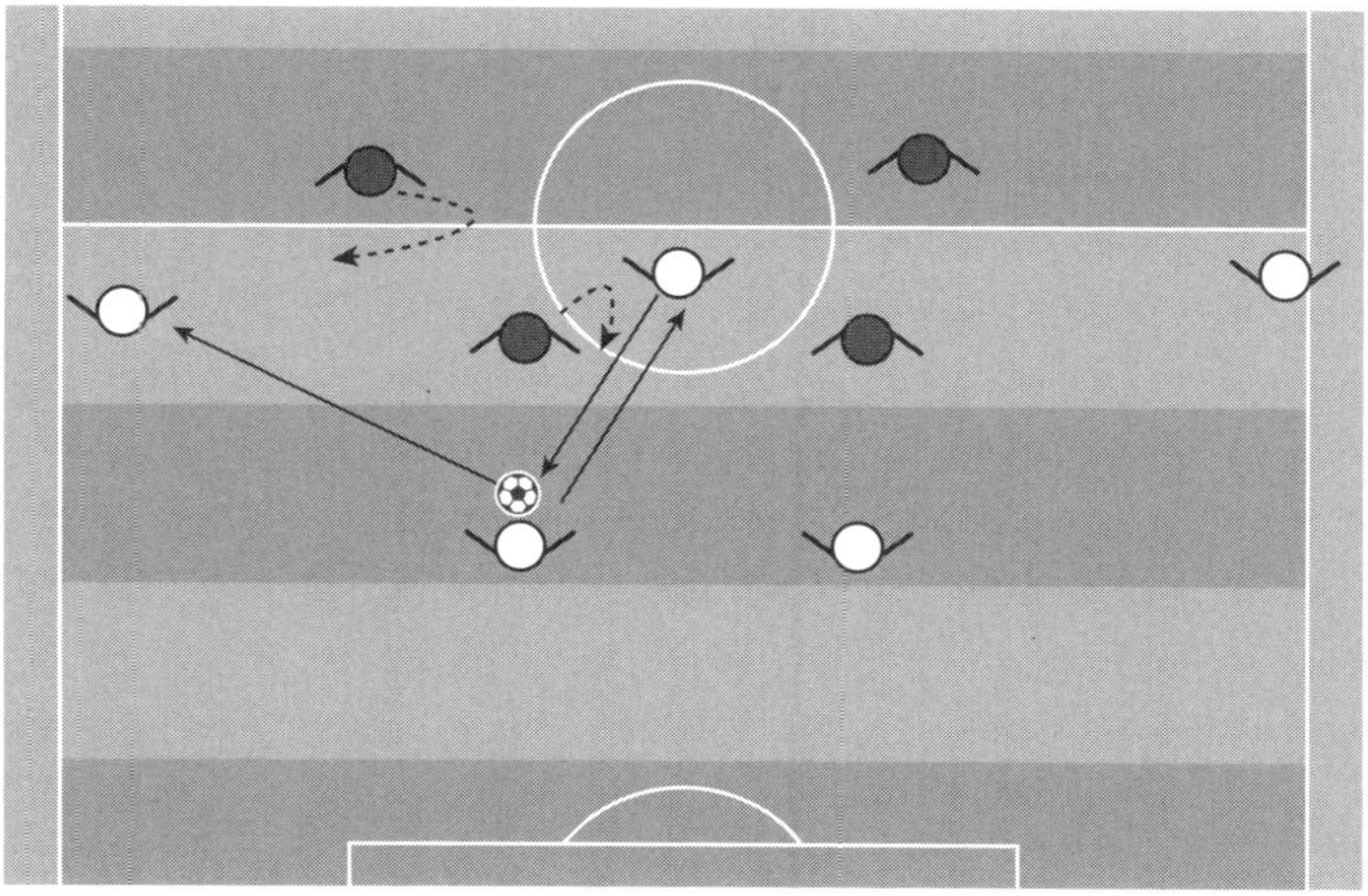

──→ ボールの動き　-----➤ 人の動き

ボールが止まっていて、相手が寄せられない状態であることが前提。そのうえで遊び球になりますが、怖がったらダメです。技術的には難しくないです。むしろ心に余裕があるかどうか。こんなところでミスするな、絶対ミスするな！　と言ったらたぶんミスします(笑)。もう考え方1つです。ダメなら蹴ればいいんですから。『遊び球』なので、あんまり真剣に向き合っちゃいけない」

怖がるな。これも風間さんがよく使う言葉かもしれない。怖がるな、隠れるな。では、怖がらないで余裕を持ってプレーするにはどうすればいいのだろうか。

「もっと自分の目を信じろ、と言います。相手に素早く寄せられて恐くなってしまうわけですが、ちゃんと見てみろと。全然速くないから。頭で速いと思ってしまうことが多いんです。トレーニングでは（ミニゲームなどで）もっと速い中でやっているので、『速いもんなんかねえぞ』と言っています。ただ、錯覚がとれるまでにはそれなりに数をやらないとダメですね。怖がると技術はブレるし、パスコースから隠れてしまうので、目を信じて怖がらないことは大事です」

余談だが、映画監督の黒澤明についてこんなエピソードを聞いたことがある。確か関東大震災の直後、黒澤明と兄が街に出てみると焼死体がたくさん転がっていた。黒澤明が恐怖に震え上がっていると、兄が声をかけた。

「目を逸らさずよく見てみろ。よく見れば恐いものなどないぞ」

怪談の後に夜道を歩けば、草が揺れたり物音がしただけで恐怖を感じるのと似ているかもしれない。よく見てみれば何でもないことでも、頭の中で想像が膨らんでしまう。焼死体はよく見ても怖いと思うが、見ないでいるより怖くはないのかもしれない。外科医が手術を恐がらないように、よく見たほうがたぶん怖くないのだ。黒澤監督のリアリズムに通じる話だが、サッカーでも見ないことで相手のスピードを速く感じてしまうわけだ。

ところで、パスを受ける状況の中でも意外と難しいのは中盤で斜め、または縦パスを受けるときだ。パスが出てくる瞬間に受け手はフリーなのだが、ボールが到達する間に背後から敵が一気に寄せてくる。背後から敵が来ているのはわかるので、左右どちらかにコントロールしてかわそうとすると、相手のほうが寄せてくる勢いがあるのでそこで奪われてしまうケースが多い。

こういう状況でパスを受けようとする選手は、技術に自信がある。敵の寄せてくるスピードにパニックになるわけでもない。しかし、ボールを見ていると背後の敵の様子がわからない。ちょっとした金縛り状態になってしまう。

「それは、ほんの少しでもいいから体の向きを変えればいい。『ファイティングポーズを見せろ』と言っています。ボールに正対すると背後の敵は見えません。こちらが見えていないと思うから、相手もカサにかかって来る。少しだけでもいいのでボールに対して斜めに立つ。敵に対して仕掛けるぞという構えをみせる。それだけでも意外と相手は来られなくなります。肩越しに敵の動きも気配でわかりますから、逆をとることもやりやすい」

ちなみに風間さんの現役時代は、背後から敵が来たときは足が届かないところへボールを置いて、ステップを踏み変えて前を向くようにしていたそうだ。

「1回ボールを隠しちゃう。そうしたら相手の動きが止まりますから、その間に前を向きながら下がる。ボールを自分の後ろに止めて、同時に自分もバックしながら前を向く。それで『来いよ！』とやったら取りにきません。ドイツでプレーしているときに身につけたんですよ。普通にやったら足ごとバーンと蹴られるので。相手のベンチから『折れ！』って叫んでいるのが聞こえてましたからね」

「すべては認識から」

風間監督の指導は選手の認識を変えることから始まる。風間さんの率いるチームは「パスサッカー」「ポゼッション」を強調されがちだが、

「認識がないままなら、本来パスはつなげばつなぐほどミスの確率が上がります」

パスを「受ける」とは何か、「外す」とは何か。その認識がないままにパスをつないでいても、いわゆるボールを持たされている状態になってしまう。

「敵の一歩を見逃さないこと。回数をやっていくと、だんだん見えてきます。ダメならやり直せばいい」

タイミングが上手くいかなければやり直せばいい。やり直しているのと、持たされているのは似ているので傍目には区別がつかないが、答えがわかっていてその瞬間を狙い続けているのと、答えがわかっていないままパスをつなぎ続けているのではまるで違う。認識のあるなしは大きな違いだ。

サイドからの崩し

サイドから崩すときの考え方も中央から崩すときと基本的には同じである。

「合図は全部ＤＦです」

つまり「敵の一歩」を見逃さないことだが、サイドからのラストパスのほうが形として理解しやすいかもしれない。中央からの崩しと違って、サイドからの崩しではオフサイドをさほど気にしなくてもいい。それだけゴール前へ入っていく選手のポジショニングが自由になる。敵のマークを外してさえいればいい。さらにDFの動き方はある程度決まっているので矢印がどう出ているかもわかりやすい。

「敵にボールを当てなければいいんです。詰まったときには、敵のいない場所にボールを置いてやる」

敵が守れない、守っていない場所にボールを入れてやる。その場所を味方と共有できていればシュートへつながる。ここでも「敵と同じものを見ない」ということがポイントになるわけだ。

状況に分けてみてみよう。まずはDFの背後にスペースがある場合。いわゆるアーリークロスが狙える状況だ（**図15**）。

「これは単純に当ててやればいい。注意したいのは中央で走り込む選手ですね。わりと多いのが、なぜかニアポストへ走っていくこと。ニアへ走ったらパスを受けられてもシュートの角度が狭くなってしまいます。真っ直ぐ走ればいいんですよ。パサーはそこへボールをぶつける感覚になります」

[図15-1]

───→ ボールの動き　－－－－➤ 人の動き

[図15-2]

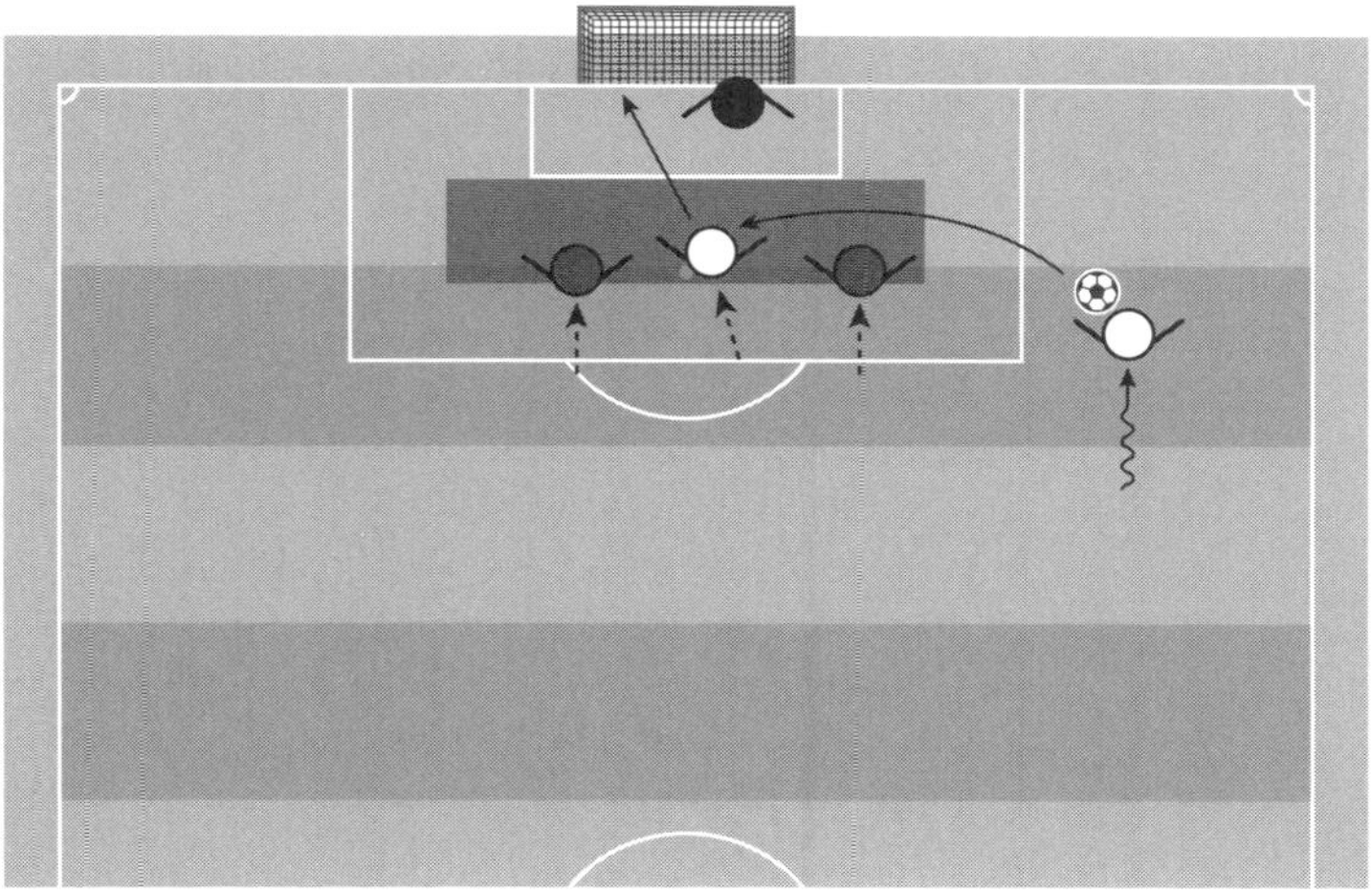

───→ ボールの動き　－－－－➤ 人の動き

[図15-3]

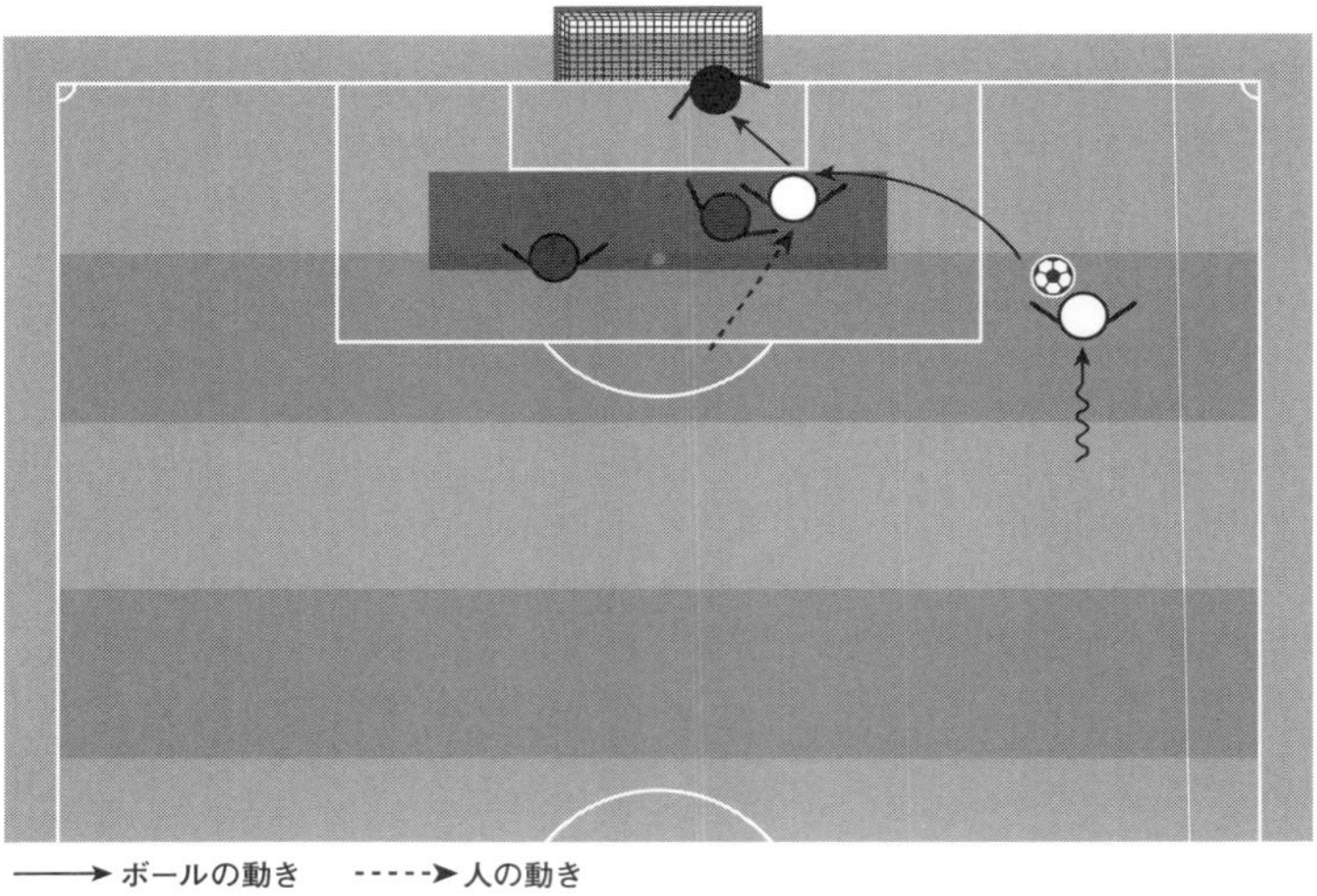

サイドからの崩しは形として理解しやすいかもしれないと書いたが、理解しやすいぶんその弊害もあると考えたほうがいいのだろう。風間さんは「なぜかニアポストに走っていく」と話しているが、なぜニアへ走るかというと、そうしろと教えられてきたからだ。ゴール前に3人が入っていくなら、ニアポスト、ファーポスト、中央の3カ所に詰めろと教えられた選手は多いと思う。これも間違いではないのだが、形を教えられているだけで意味を教えられていないので形だけをなぞってしまうのだ。

「ニアで潰れろとよく言いますよね。ニアへ走り込むことでDFを引きつけ、そこでシュートを打てなくてもDFを引きつけることで他の味方をフリーにできると。でも、3人入ったら3人ともフリーになったほうがいいのではないでしょうか。潰れることを教えたら、3人とも潰れますよ」

風間さんは「潰れる」に重きを置いていない。潰れるよりもフリーになったほうがいいに決まっているからだ。マークを外してフリーでボールを受けようとした結果として、誰かが潰れてチャンスが生まれることはあるにしても、最初から潰れることを目的にしないほうがいいのではないかという考え方である。

DFとGKの間を狙うクロスボールについて、風間さんは「ぶつければいい」という。「走り込む味方に合わせるというより当てる、ぶつける。パススピードが必要です。雑な質が要求されます」

雑な質。精度があっても緩いボールではカットされてしまうので、ある程度のスピードが必要になる。場合によってはシュート性のスピードがないと通らない。もちろん緩いボールが有効なケースもあるが、速さ優先になるケースは少なくない。中央でのラストパスのような、狙ったほうの足に命中させてやる緻密さではなく、とにかく体のどこでもいいから当ててやればいいという感覚のパス。だから「雑な質」。雑なりに質は要求される。パススピードという質であり、味方の体全体がターゲットというアバウトさはあるものの、そこを外さない質だ。
次の例はプルバック。DFとGKの間のスペースが狭くてアーリークロスを狙えない、あるいは単純にDFがそこを守れない場合のコースになる。**（図16）**
「サイドからのクロスボールの場合、DFの矢印がはっきり出ています。そこを外せばいいだけ」
サイドを突破された状況で、DFは自陣ゴール方向へ戻るしかない。とりあえずはゴールエリアまでは戻ることになる。つまり矢印がはっきり出ているわけで、この例のパスはDFの戻りすぎを狙ったものだ。では、DFが戻りきった状態、つまり矢印が出ていないケースはどうなるのか。
DFが戻りきって構えている状態でも、DFとGKの間を狙う、あるいはDFの手前のスペースを狙うことは可能だが、DFとDFの間にも受けられる場所はある。**（図17）**
手前のDFを越えて、DFの間にいる味方が届くところにボールを供給しなければならない。もちろん浮き球になる。ハイクロスだ。
アーリークロス、プルバック、ハイクロスの3つの形を取り上げてみたが、どれかの形に当てはめるのではなく、「人がいないところを狙う」ことがポイントになる。

[図16-1]

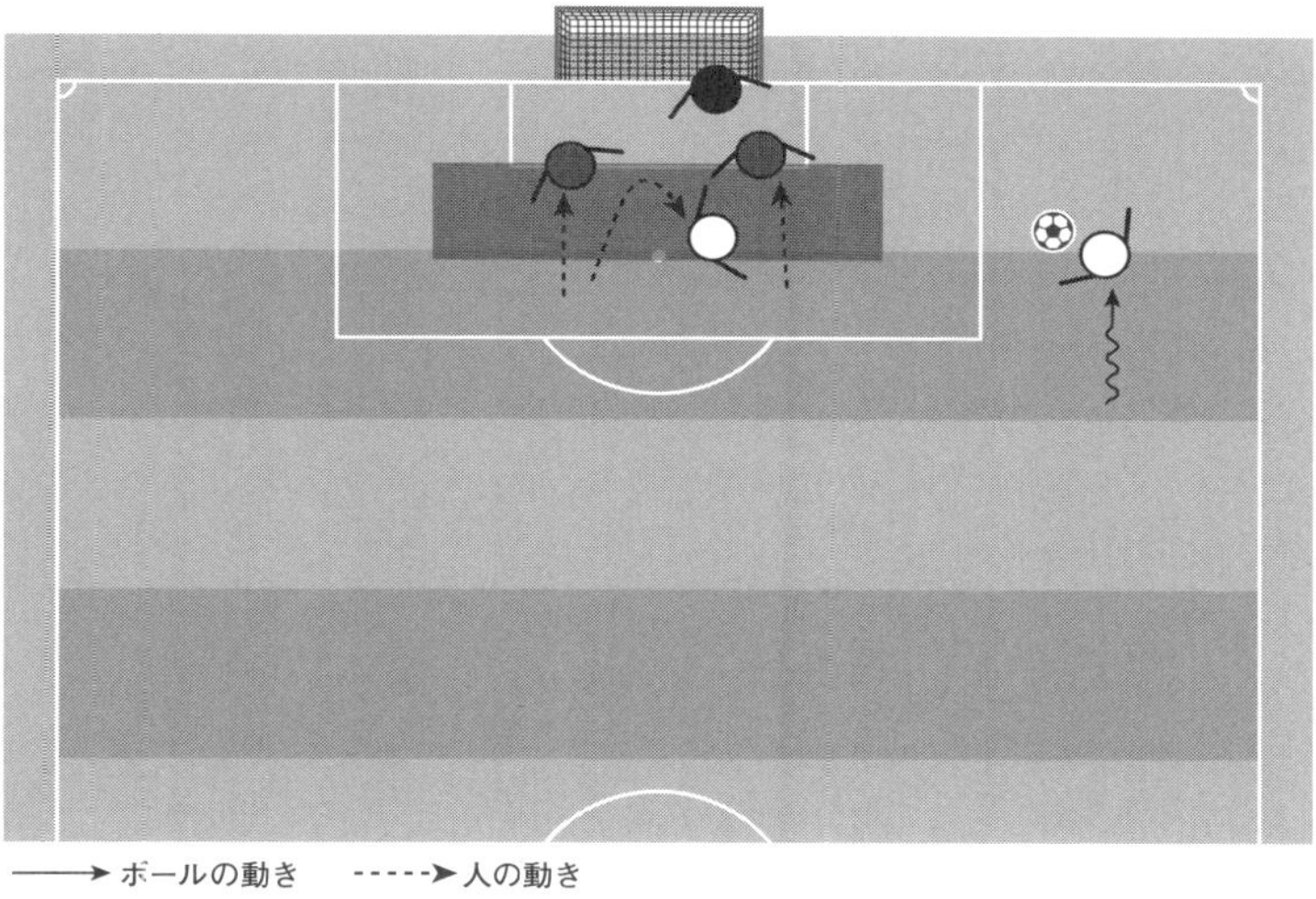

[図16-2]

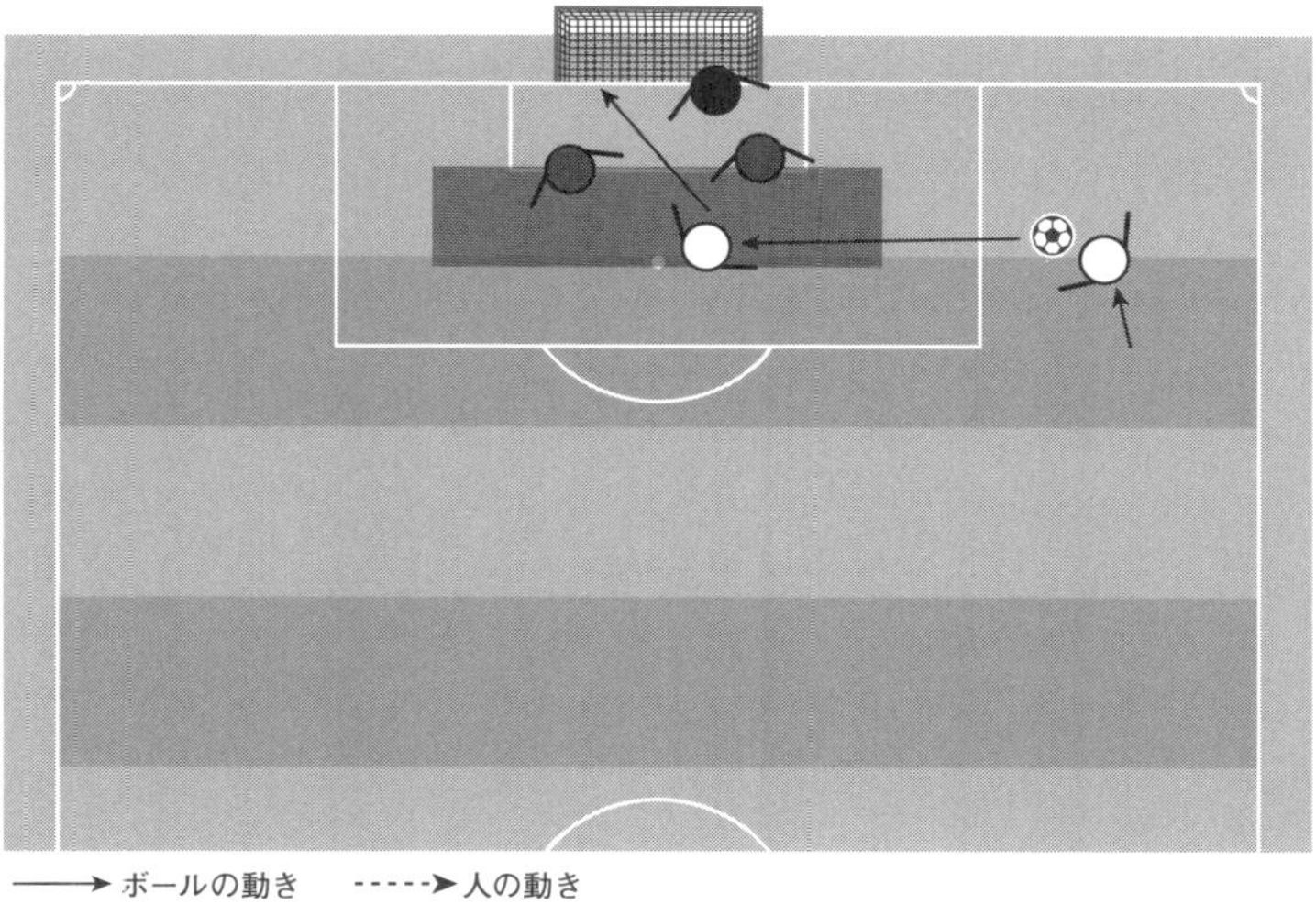

［図17］

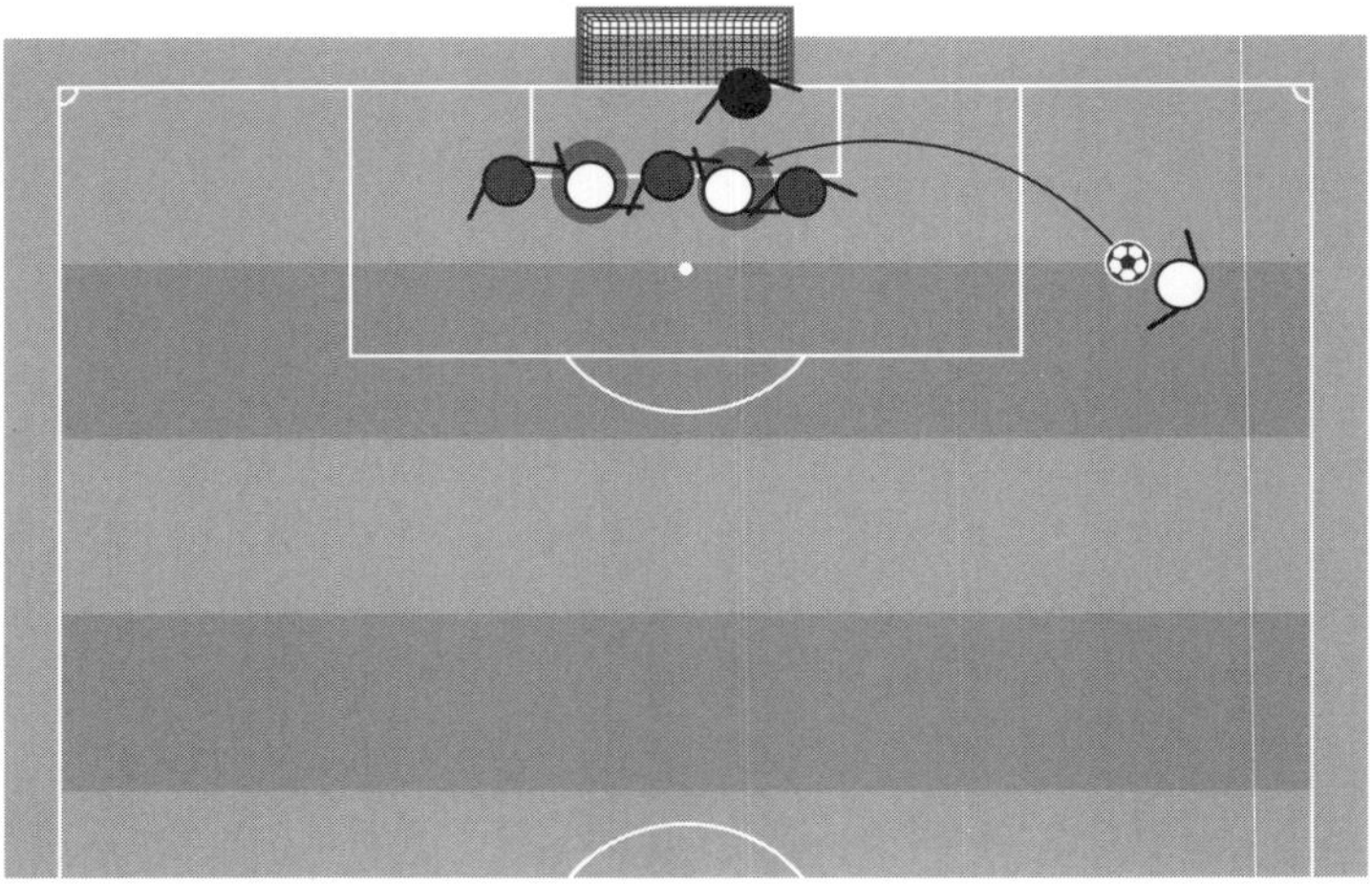

「人がいるところに蹴っても弾かれるだけ。敵味方が入り乱れている場所なので、判断がつかないときは敵のいない場所にボールを置いてやればいい」

最悪でも敵に当てなければいい。人のいない場所に蹴っておけば、もし味方がそこを狙っていればシュートへつながる可能性があるからだ。もちろん、その前提として「DFのいない場所を狙う」という認識をパスの出し手と受け手で共有していなければならない。

「中で詰める選手が同じ場所を狙わないこと。重ならないようにする」

3人がゴール前で狙うなら、狙いどころが重ならないように気をつける。狙う場所が分

［図18］

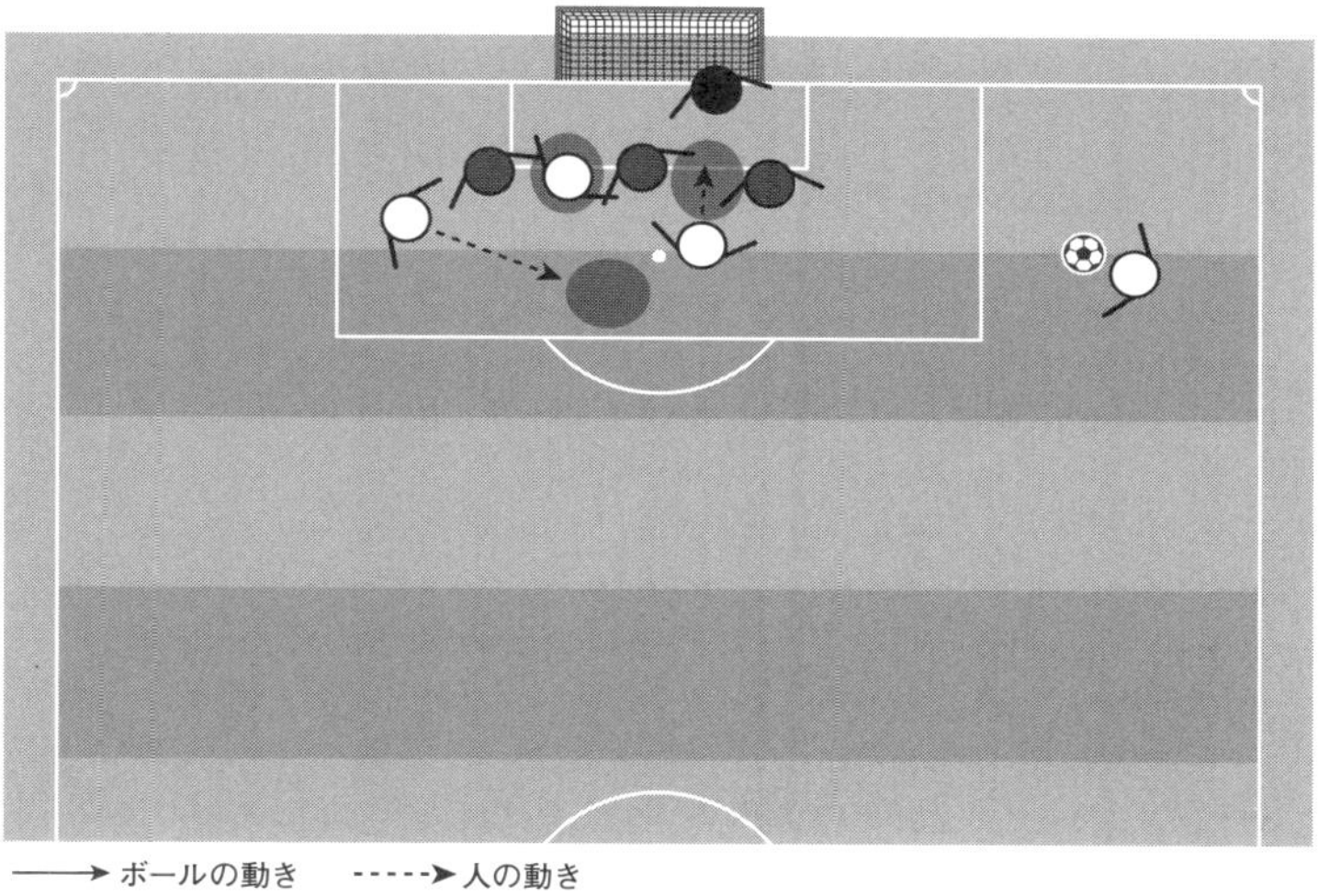

散されていれば、クロスを蹴るほうもそれだけ選択肢は多くなる。ニア、ファー、中央の3カ所に詰めるという教えも、狙う場所を分散させるという点では理にかなっていたわけだ。ただ、形だけをなぞってしまうと、ニア、ファー、中央へ詰めているが誰もフリーになれていないという状況も当然起こる。決められた場所へ行くのではなく、DFの矢印を見てフリーになる。その狙いが3人なら3人で重なっていなければ、3人ともフリーになれるわけだ。（図18）

CH3

打つ

シュートはコースより高低が大事

試合後の記者会見で、負けたチームの監督がよく口にする言葉が「決定力不足」である。劣勢の試合でも2つや3つの決定機はあるもので、それを決めていれば結果は違っていたかもしれないからだ。ただ、サッカーが得点を競うスポーツである以上、肝心のシュートを決められないのでは勝てそうな試合に勝てなくても仕方ないわけだ。

日本代表もよく「決定力不足」を指摘されているけれども、実は世界中で決定力満足なチームはあまりない。どのリーグでも1試合に入るゴール数の平均は2点台だ。サッカーは点の入らない競技であり、逆にシュート技術はそれだけ重要でもあるわけだ。

「一番難しいのは、どこを狙うかを決めることです。どこを狙うか早く決められる人が正確なシュートを打ち、点も取れるのだと思います」

風間さんは「どこを狙うか早く決める」をシュートの最重要ポイントとしてあげた。

「皆さんコースというんだけど、コースよりも高さが大事ではないでしょうか。コースも大事ですよ。でも、GKの膝から肩あたりまでの高さでシュートを打ったら入りません。コースが良くてもそこへ蹴ったらGKに防がれる可能性が高い」

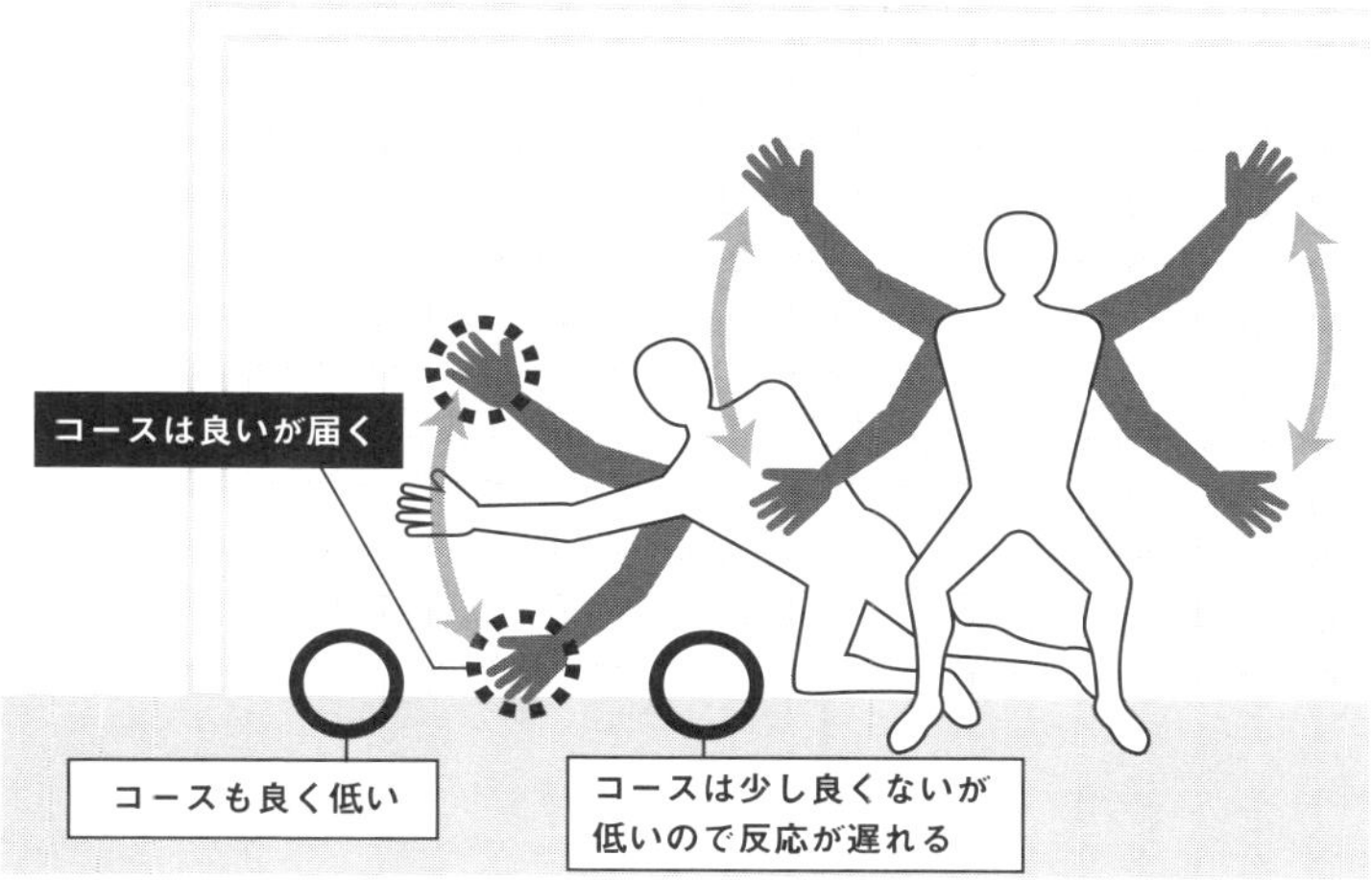
コースは良いが届く
コースも良く低い
コースは少し良くないが
低いので反応が遅れる

現在のGKは反応が速い。逆サイドの内ポストを狙うような完璧なコースでも、高さが中途半端だとGKは触れることもある。

「狙う場所はゴールの4つの隅になります。とくに低いシュートはGKの反応が遅れるので入りやすい。まずは低いシュートを狙うこと。そこが無理なら上隅を狙うことになります。GKの体の範囲（膝から肩ぐらい）の高さに打ったらコースが良くても入らないことがある。逆に、コースが多少甘くても低いシュートなら入りやすい」

コースや強さも大事だが、優先順位はまず高低。基本的には低いシュートだという。

「うちのゴールには全部印がついているでしょ」

確かに名古屋グランパスの練習場に置いてあるゴールポストには、すべて赤い印がついている。地面から30センチぐらいの所と、上の角より少し下。1つのゴールに4つの印がつけられていた。

「狙う場所を意識させるためにつけたんです。どこを狙うかを意識させるためです。それがキック練習とシュート練習の違いだと思うんですよ」

狙った場所に正確に蹴るという意味では、キック（パス）もシュートも同じである。ただ、パスと違ってシュートの場合はターゲットであるゴールは動かない。どこを狙うかは予め決まっている。たんにゴール枠内に蹴るだけならゴールは広い。誰もいないゴールの前に立つと、ボールがこの空間を通過できないのが不思議なぐらいの広さなのだが、試合ではDFもいればGKもいる。ズレたシュートに合わせてゴールポストが動いてくれるはずもない。意外と狙える場所はかぎられているのだ。

「どこを狙うか、それをどれだけ早く決められるか。それを練習するのがシュート練習です。強く正確に蹴らなくてはいけないのでキックの技術はもちろん必要ですが、いいキックをしても狙う場所が間違っていたら入らない」

いいキック＝いいシュート、ではない。入るシュートを打つには、4つの隅のどこを狙うかを早く決めなければならない。

「ポストに印をつけたのは、いろいろな状況があったとしても、まずそこを見つけようとする習慣をつけるためです。見つけて決めるのが早くなると、以前よりはシュートが決まるようになってきますよ」

4つの隅、とくに下の2つを見る癖をつけているわけだ。ということは、GKは見なくていいのだろうか。

「入っているシュートから逆に考えればわかりますよ。入っているシュートは4つの隅です。そこを見ていれば、逆にGKは目に入ってきます。GKを見ると、GKしか見えなくなってしまう。GKと1対1を決めるのは見かけほど簡単ではないですけど、決まったときはアソコも空いてるココも空いてるというふうに、空いているところが見える」

つまり、GKより先に4つの隅のどれかが（あるいはどれも）見えていれば、GKを見る必要がない。

「GKを見てから隅を見るとタイミングがちょっと遅くなるんです。隅を見たときに空いているということは、その瞬間に打てば入るということ。GKが邪魔で隅が塞がっていれば他の隅を狙わなければいけませんが、そのときにGKはもう見えていますよね」

つまり、見る順番はあくまでゴールの4つの隅のどれかでいい。見て、空いていれば、そのタイミングでそこへ打てば入る。そこにいないGKを見る必要はない。隅を見れば勝手に視野にGKが入ってくることもある（そのときは他を狙う）。いずれにしてもGKを先に見る必要はないわけだ。ただ、ここで気をつけなければならないのは、風間さんのいう「見る」は一般的に想像されるタイミングとは違っていることである。

シュートの直前にゴールを見てはいけない

「シュートの前に『顔を上げろ』と言う人もいますけど、あれはダメです」

風間さんの言う「隅を見る」の見るタイミングは、実はキックの直前ではない。直前といえば直前のときもあるかもしれないが、風間さんの「見て、決める」のタイミングはシュートモーションに入るより前の話なのだ。

「ゴールに背を向けた状態でパスを受けて、振り向きざまに蹴ってシュートを決める。そういうときにゴールは見ていませんよね。キックのときではなくて、その前に見ている。どこを狙うかはボールが来る前に決めておいて、振り向きざまに『ここ』と決めたところ

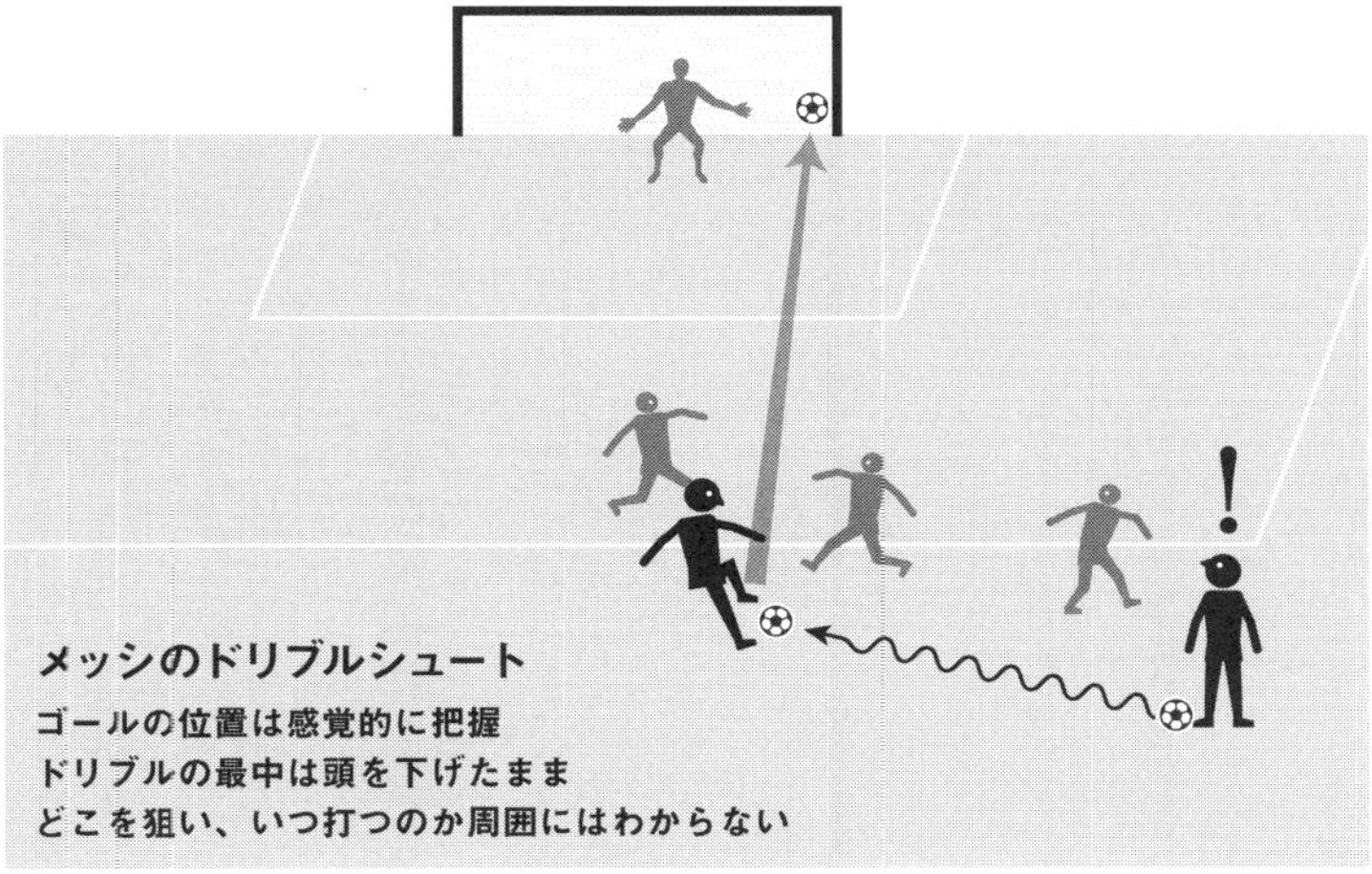
!
メッシのドリブルシュート
ゴールの位置は感覚的に把握
ドリブルの最中は頭を下げたまま
どこを狙い、いつ打つのか周囲にはわからない

に蹴っている」

どこを狙うかはゴールの4つの隅のどれかだが、それをいつ決めるかが大事なのだ。風間さんは「早く決めろ」という。例えば、メッシがドリブルで斜行しながらシュートを決めるとき、その過程で頭は上がっていない。視線は下へ向けたままでゴールは見ていないのだ。どこを狙うかはドリブルを始めた時点で決めている、ドリブルを始めたときには4つの隅がどこにあるかの視覚情報をすでに体に取り込んでいるのだろう。その後はドリブルで動いているので最初に見た位置からはズレている。けれども、すでにレーダーで標的をロックオンしたように方向がわかっているのだ。パスと違ってターゲットは動かない。自

分の位置は変化するかもしれないが、ゴールは動かない。だから事前に見ておけば、あとはイメージでいいわけだ。そこは、キックの直前まで状況の変化に気をつけなければならないパスとの違いである。

「シュートのときにボールを置いてルックアップする時間はあまりないですよ。顔を上げれば、『今から蹴るところを探しますよ』ということだから、GKにも読まれるし決まる確率は低くなります。自分の体で4つの隅がわかっていれば、1つがダメなら他へ打てばいいとわかる。1カ所潰されているなら他が空いているはずなので」

実際、シュートするときに顔を上げてゴールを見て決めている選手はあまりいない。よほどフリーなら別だが、そんな時間はないからだ。メッシにかぎらず、顔は下げたままでシュートする場合がほとんどである。風間さんは「自分の体で4つの隅がわかる」と言っているが、シュートするときにはゴールを見ないでも位置を感じる能力が必要なのだ。バスケットボールの選手に聞くと、リンクの位置を見なくてもシュートは決められるという。バスケットのリンクはサッカーのゴールよりもはるかに小さいが、コートも狭い。リンクと自分の位置関係は感覚でわかるし、引かれているラインなどでも判断ができるそうだ。

「サッカーはGKがいるので、その都度バスケットリンクを作らなければいけないわけですが、逆にいえばそれを作れる人が点を取れる」

ＧＫがいるぶん、狙う場所はその都度変える必要がある。そのイメージを作れるかどうか。１９６８年メキシコ五輪で得点王になった釜本邦茂は「目をつぶっても右45度からなら決められる」と豪語していたが、それは体で隅がわかっていたからに違いない。「逆のポストにピシャッと蹴るか、ニアの天井にズドンといくか」と、釜本は話していた。４つの隅が感覚でわかっているから選択もできたのだろう。顔は上げずにイメージした枠の隅へ蹴る、そのセンサーが内蔵されているのが天性のストライカーということだろうか。

「イメージは大事。だからシュート練習は線のあるところ（ペナルティーエリアが引かれている場所）でやります。何もないところでやるのとは違う」

ジーコはフラメンゴでプレーしていたころ、ホームのマラカナンスタジアムのゴール裏にいるカメラマンに赤いシャツを着るように頼んでいたそうだ。そのカメラマンはいつも同じ位置で写真を撮っていた。赤いシャツはフラメンゴのチームカラーだからか、たんに目立つからなのかはわからないが、ジーコは赤いカメラマンを目印にしていたのだ。ペナルティーエリアやゴールエリアといった地面に引かれたラインだけでなく、カメラマンからも自分の位置を測定していた。実際、ペナルティーエリアぐらいからなら顔を上げなくても間接視野でゴールポストは目に入る。ただ、蹴る瞬間はボールを注視しなければならない。

「ターゲットを見ないと軌道がブレる気もしますが、ブレるのはむしろボールを見ていないときです。シュートの瞬間はボールをしっかり見なければいけない」

得点感覚は教えることができる

プロとアマチュアの違いを一番感じるのがGKだ。強烈なシュートでも軌道が見えていれば驚くぐらい防ぐことができる。逆に、プロの名手でもタイミングを外されると弱いシュートでも入ってしまう。意外と緩いシュートやミスキックが入ったりする。シュートの名手は4つの隅に決めるばかりでなく、GKのタイミングを外したシュートも決める。

「でも、タイミングを外そうと思ってGKを見たら難しくなるでしょ」

風間さんは、とにかく隅を見ることが先決だという。

「蹴る場所が見つかっていれば、それはGKのタイミングではないということ」

前記したように、見て決めるのはシュートの前だ。見えて決まっていれば、ボールのコントロールも体のコントロールも無駄がなくなる。GKを見てタイミングを外そうとすると、逆にGKのタイミングにはまる危険のほうが大きいかもしれない。

「下の隅が見えていれば、GKとタイミングが合ってしまっていても、それが見えてくる。まずは意識です。意識することで隅がしっかり見えてくるし、その他のコースも見えてくる。下隅を狙ってダメそうなら、はじめて上隅ですね。ファーを狙って入りそうもないならニアが空いていることに気づく。点をたくさん取る人は、空いている場所がわかるんでしょう。ストライカーの差はそこだと思いますよ」

得点感覚は天性のもので教えられないといわれている。だが、風間さんは「認識は絶対に持っていたほうがいい」という。

「ヨシト（大久保嘉人）が面白かった。もともと感覚で点を取れていたタイプだったのが、気づいたらあとは自分でグーンと伸びた。理屈がわかったらもっと点を取れるようになりました。言えば全部できちゃう、もともと持っていましたから。それでヨシト自身が『ほおーっ』と言ってる（笑）」

大久保は自分で自分に感心していたわけだ。大久保は川崎フロンターレで風間監督の指導を受ける前から点は取れていたし、日本代表選手でもあった。ただ、自分に何ができるか整理はついていなかったのだろう。喩えれば部屋が散らかっている状態だったのではないだろうか。物は全部揃っていたのだが、何がどこにあるのかわからないから必要なときに必要な物が見つからない。風間監督の指導で、持っている物の整理がつき、もともと持っていた能力を適切に使えるようになったのだろう。

「ヨシトは天才ですよ。認識がなかっただけ。『こんなに簡単なんだ』と、言っていました。才能はあるけど気づいていなかっただけで、理解してやり始めたらトンデモなかった。よくコーチになってから上手くなる人がいます。選手のときに気づいていなかったことを理解するからなんですが、辞めてから上手くなってもね」

風間さんは「頭の中に技術はある」という。

「今は昔と違って映像もたくさんある。良いプレーのイメージはたくさんインプットできるはずです。そのときに的確にとらえられるかどうか。的確な認識を持てるかどうかですね。認識がないと、もっとできるのに自分で成長を止めてしまう。プロの選手たちも、何度も指摘しているうちにできるようになる。というよりも、フリーになれていたときはそうしてたでしょ？　と。1回できると『そうだよね』と認識ができる。そこからは自分で伸びていきます」

シュートは歩幅を変えずに打つ、クロスは面でとらえる

「ドリブルシュートで蹴るときに歩幅が変わる人はわかりやすい」

ドリブルしながら大きく踏み込んでからシュートすると、その踏み込みでシュートを打つのがわかる。タイミングがわかるし、コースもわかってしまうかもしれない。

「ドリブルの歩幅を変えずにシュートすると、GKにはいつ打たれるかわかりにくい。タイミングを合わせにくい。それで隅を狙えると入ります。ただ、ドリブルから点を取れる人は少なくなりましたね」

メッシやネイマールはむしろ例外になってきている。それだけDFの守備力も上がっているのだろう。

「ドリブルシュートで取れる選手は逆算できるんでしょうね。足を出させてその上を通す、ブロックに来させて足の間を狙うなど、いくつも手数を持っています」

パスを受けてシュート、ドリブルシュートは相手ゴール方向へ動いているボールを蹴るが、クロスボールからのシュートは横からのボールになる。クロスボールは横から来るボー

ルをゴールへ蹴る難しさがある半面、多くはペナルティーエリア内からのシュートになるのでゴールまでの距離は近く、ダイレクトシュートの場合はGKにはタイミングもコースもわかりにくい。クロスボールからのシュートは多くの得点を生み出す。

「認識は同じです。4つの隅を見つけること、早く決めること。あとは技術的なことですね。クロスボールをシュートするとき、ヘディングでも足でも振ってしまうミスが多い。ダイレクトシュートに関していえば、足でも頭でも振ってしまうとボールが外へ逃げてしまいます。面でとらえることがポイントになる」

振るのではなく面でとらえる。野球のバッティングに喩えると、フルスイングではなくバントするようなイメージだろうか。

「最初はボールが来た方向へシュートするといいと思います。右から来たボールを右足でシュートするなら、ゴールに向かって右側を狙う。そうすると面でとらえる感覚がわかってきます。面が認識できれば、今度は逆の左へ打てるようになります。最初からどちらを狙ってもいいよというと面がわからないままになりやすい」

右からのクロスボールを右足で、面を意識して右側へ押し込むイメージ。足を振って左側を狙ってしまうと、ボールを巻き込んだり引っかけたりといったミスが起きやすい。面

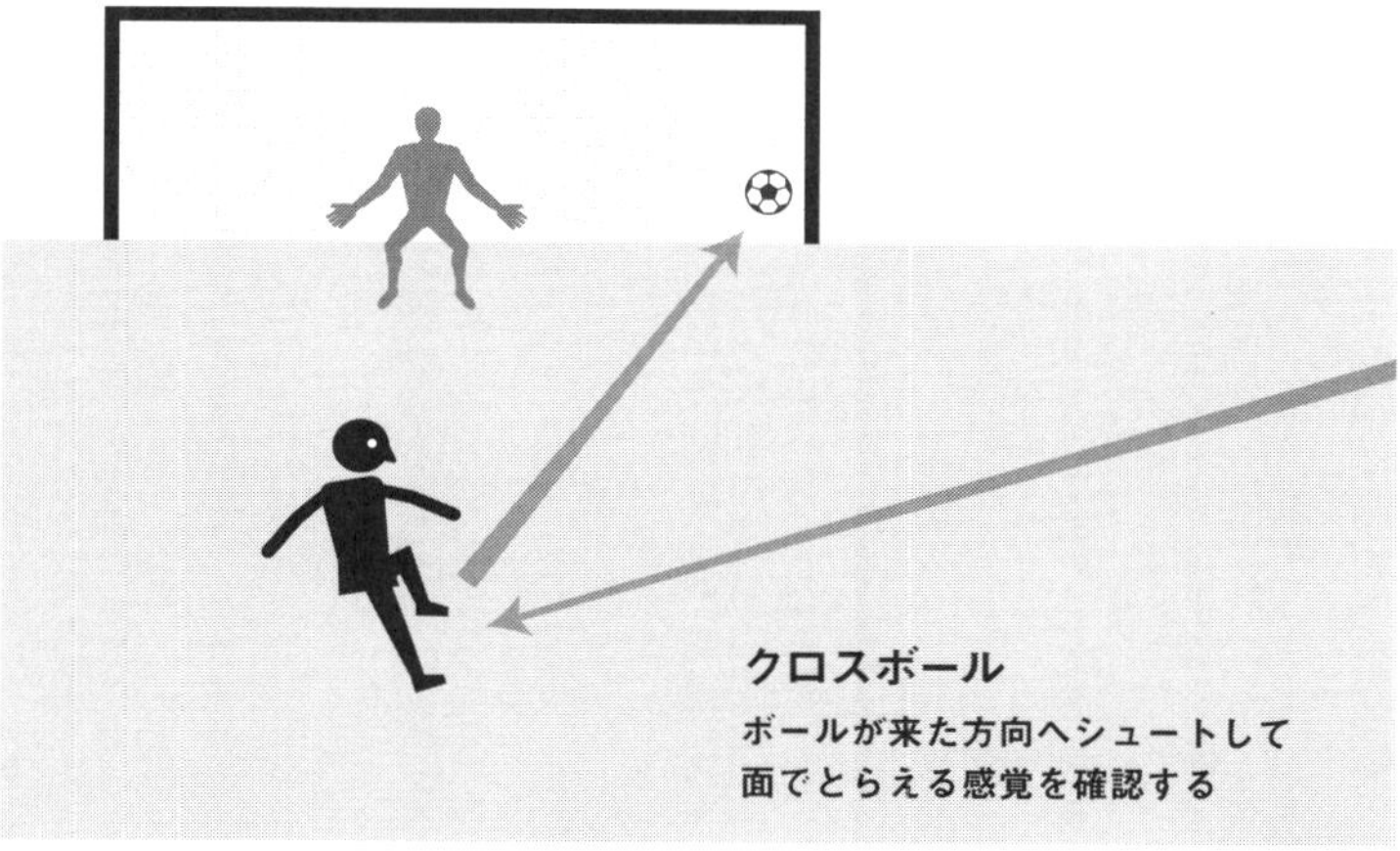

クロスボール
ボールが来た方向へシュートして
面でとらえる感覚を確認する

のイメージができれば、少し角度を変えれば左を狙うこともできる。

「面を認識すると楽になるんです」

ヘディングもやはり面を意識する。ボールが来るのと反対のサイドを狙うときに、頭を振ってヘディングすると角度がつきすぎてしまうことがよくある。これも足と同じく面を意識して角度を調整したほうが上手くいくという。

「面でとらえるのはヨーロッパの選手は上手いです。私が小学生のときには、三角形になってヘディングの練習をするときでも『面でやれ』と教えられたものです。清水では子供のときからそうやって教えられていました」

ゴールは天性の感覚で教えられないといわ

れる。確かにゴールを量産できる選手は限られていて、その才能はある人にはあり、ない人にはないかもしれない。ただ、「それだけではない」と風間さんはいう。

「教えればできることはたくさんあります。見せて、教えてやらないからできないことも多い。シュートに特化したアプローチはもっとできると思います」

面でとらえるという認識を持つだけでも、シュートを枠へ飛ばせるようになるかもしれない。教えられない部分もあるだろうが、教えられることもある。すべてを才能任せにせず、認識を与えれば才能をさらに伸ばすこともできる。

「クロスボールに限らずですが、ステップワークも大事です。ステップを踏み換えられないと、ボールに合わせるのが難しくなります。体勢を作れない。これはシュートをブロックするときも同じです」

ステップワークというとラダーを使った練習が思い浮かぶが、

「ラダーは補助のトレーニングですね。試合では等間隔でステップを踏むわけではない。常に不規則ですし、反応はその都度全部違う」

風間さんは「ボールに関わる中でのステップワーク」を重視しているという。

「常にボールに関わる動きの連続をやっておかないと、ステップは踏めない」

これは自慢になっちゃいますけど、と風間さんは「コサックダンスが上手かったんですよ」と言い出した。

「中学のときになぜかコサックダンスをやることがあって、あれケタ違いに速かったんですよ。小さいころからドリブルの練習をしていたから、たぶんステップを踏む感覚があったんだと思います。メッシ、ロナウド、ネイマールは全員ドリブラーですもんね。パスだけでステップはそこまで上達しないかもしれませんね」

ゴールゲッターのメンタルはマグロ漁師であれ

ストライカーに求められるメンタルというものはあるのだろうか。

「技術があるからメンタルもある」

まずは技術というのが風間さんの考え方だが、技術が高くてもあまり点を取れない選手もいる。

「ペナルティーエリアへ入ったら、『入れなきゃ』と思うより『やっと来たな』と感じる人のほうがゴールゲッター向きというのはあるでしょう。メンタルより技術を高めるほうが先ですけどね。ストライカーというのは強気な半面、すぐ弱気にもなります。ゴールゲッターはマグロ漁師みたいなものだと思えばいいんじゃないでしょうか」

テレビで見るマグロ漁師は、レーダーでマグロの群れを追いかけていく。大漁の日もあれば外れのときもあるようだが。

「1発とれればいいぐらいの余裕ですね。チャンスを外せば誰でもプレッシャーはかかりますが、『チャンスを外してしまった』と思うか『またチャンスはあるな』と思えるか」

ただ、チャンスを呼び込むのも技術だと風間さんはいう。

「パスが来ないとよくいうけど、岡崎（慎司）は動きでパスを呼び込めますよね。それも技術です。技術に裏付けされた強気のメンタルがあるといいと思います」

ところで、日本代表はよく決定力不足といわれる。ストライカーがいないとも。決定力不足は日本だけの問題ではないのだが、世界トップレベルのゴールゲッターがいないのは事実だ。

「ストライカーも必要ですが、ストライカーがいないと大騒ぎするよりも、いなくてもチャンスを作れれば大きな問題ではない。要はチャンスの数だと思います。シュートの数ではなく、ゴールエリアの幅からどれだけシュートを打てるか。ペナルティーエリア内のゴールエリアの幅、そこからシュートを打つのが一番入る。そこでシュートを打てるチャンスを数多く作ることを考えればいい。ペナルティーエリアへ入って5〜6本も打てれば2〜3点は取れると思いますよ」

1試合3ゴールなら、決定力不足ともいわれないだろうしストライカー不在も大した問題ではなくなるだろう。

「チャンスの数を増やすこと。クロスボールでもいいんですが、クロスから打てていないのなら中央から入っていくほうがいい。それプラス、ストライカーも育てていく。両方ですけど、チャンスはもっと増やせるし点も取れると思います」

サッカーはロースコアのゲームでなくなるか

CLで最も多くの得点を決めているのはクリスティアーノ・ロナウドだが、1試合当たりの得点数（得点率）だと、ゲルト・ミュラーが最高である。フェレンツ・プスカシュやアルフレード・ディ・ステファノといった50年代のゴールゲッターがミュラーに続く得点率になっている。50年代はまだリベロが普及していない。つまりサッカーがそれほど守備的になっていなかったという事情もあるかもしれない。ただ、それだけの理由で古い選手たちが上位にいるのであれば、もっと多くの50年代ストライカーが上位を独占してもよさそうだが、トップ10にはロナウド、メッシ、レバンドフスキといった現在のFWも入っている。

つまり、ストライカーの得点力はプレーした時代や所属したチームの影響はあるとしても、基本的には個人の能力なのではないかと思われる。時代を問わず、取る人は取るということではないだろうか。

「顔ぶれを見ると、皆ゴールエリアの幅でフリーになれる人ですよね。ロナウドはそこでヘディングで点が取れる、メッシはドリブルで入っていける。ミュラーなんか、ほぼそこだけの選手でしたから。そこを独壇場とする選手たちですね」

ゴールエリアの幅でフリーになれるゴールゲッターたちの、フリーになる方法はそれぞれだが、最もシュートが入りやすい場所で優位性を持っているわけだ。ここで気になるのは、サッカーはもっと点が入るスポーツになれるか？　という疑問だ。世界最高クラスのゴールゲッターの得点率は、この70年間で大差がない。現在に近くなるに従って得点率が飛躍的に伸びているのなら、この先も得点は増えていくだろうと楽観できるわけだが、実際にはそうなっていない。どれだけ点が取れるかは、ほぼその人の能力次第である。

ただ、これは先ほどの日本代表についての得点力の話と重なるところがある。

「エースストライカー以外の選手がどれだけ点を取れるか。もう1つは、エースにより多くのチャンスを供給すること。メッシやレバンドフスキが点をたくさん取れるのも、チームが相手を押し込んでいるから。ストライカーの能力だけでは、あんなに点は取れません」

エースの得点能力が頭打ちだとしても、チャンスの質と量を変えればもっと点を取れるようになる可能性がある。また、エース以外の得点能力が上がればやはり得点は増える。

ちなみに、各国リーグの1試合当たりの平均得点はおよそ2点台だ。ワールドカップでも50年代を最後に3点以上入ることはなくなっている。最低が90年イタリア大会の2・2点。2点ならばほぼ確実に勝ち、1点でも負けないという得点率である。かつてのように3点以上入る時代は来るのだろうか。

「そうなるんじゃないでしょうか。技術は上がりますから。守備の技術も上がりますけど、そうすれば奪ってから攻撃ができるので得点が減るとはかぎらない。技術が上がれば相手ゴール前まで運べますし、チャンスも多く作れる。レアル・マドリーやバルセロナを見ても、技術があって押し込めるからあれだけ点が取れる。バルセロナに関しては、以前はスアレスもネイマールもいなかったけれども点は取れていました。むしろチャンスメークという点では強力な個が並ぶよりも以前のほうが良かったかもしれない。スペースがないといってもペナルティーエリアの幅は40メートルありますから、そこをくぐって入っていくことはできるはずです」

風間さんは、チームの考え方にも左右されると指摘する。

「紅白戦でよくあることですが、Bチームのほうが勢いもあって点も取れたりします。怖がらずに攻撃するからです。それがスタンダードになれば点は入るということ。負けているチームが攻め始めて、急にスコアが動き出すということもよくあります」

サッカーに点が入らない。だから守備を固めてミスをしないでという姿勢になりがちだが、どちらも点を取る姿勢を見せれば現状でも1試合に2、3点ということはない。6－4や7－3は現実に起こっている。その気になれば点は入る。現状では1試合に2、3点が平均なので、まず守備からという考え方が支配的だが、5、6点が普通になればサッカーは失点の少なさを競うゲームから、得点の多さを競うゲームに変わるかもしれない。

CH4

守る

わざと相手に矢印をみせる守り方

風間監督は「守備」についてあまり話をしない。川崎フロンターレ時代、選手たちに聞いても「守備という言葉すら使わない」と言っていたぐらいだ。安易に「守備」という言葉を使うことで曖昧になってしまうものがあると考えていたのではないか。

「サッカーの形態によって守り方は変わってきます」

ボールを保持して攻撃するチームなら、相手を押し込んでいる状態から守備をする機会が多くなる。そこで要求されるのは失った瞬間から奪い返すことを狙うハイプレスだ。またプレスを外される、あるいはプレスがかからないときに相手のカウンターアタックを防ぐ守備力もセットとして考えなければならない。ただし、攻撃したいチームならば、まず目指すべきは良い攻撃をすることである。

「相手の陣形を崩していることが前提ですね」

攻撃が自分たちの距離感、形で進行していれば、相手の守備はそれに合わせていくしかないので守備の陣形は崩れていく。崩れているので、ボールを奪っても即座の反撃がしにくい。即座の反撃がしにくいのでプレスすることでボールが奪える。つまり、良い攻撃ができていることが守備の成功の前提になる。風間監督があまり「守備」の話をしないのは、失点しないために問題にすべきなのが守備力ではなくむしろ攻撃力だったからだ。現役時代はDFとしてプレーすることもあった風間さんなので守備について考えがないわけではない。ただ、中途半端に守備について話をするよりも、「ボールを持っているかぎり攻められることもない」「攻撃は最大の防御」と一種の極論を話しておいたほうが、メディア向けとして説明が簡単でインパクトもあったからだろう。実際、事はそこまで単純ではないけれども、どのように攻撃するかが守備に大きく関わってくるのは事実だ。逆に、どういう守備ができるかも攻撃に関わってくる。

「守備だけを切り離して考えても、あまり意味がないと思いますよ」

風間さんは守備を3つの段階に分けて説明する。

「①奪われた瞬間に奪い返す守備、②相手を前に行かせない守備、③ゴールを消す守備」

3つを敵陣、中盤、自陣とエリアで分けてもいいかもしれないが、ここで興味深いのは②の「相手を前に行かせない守備」ではないだろうか。①と③はイメージしやすいが、相手を前に行かせないというのはどういうことなのか。

「場所を消して人をつかむ守備ですが、選手個々がどれぐらいの幅を埋められますか？

［図19］

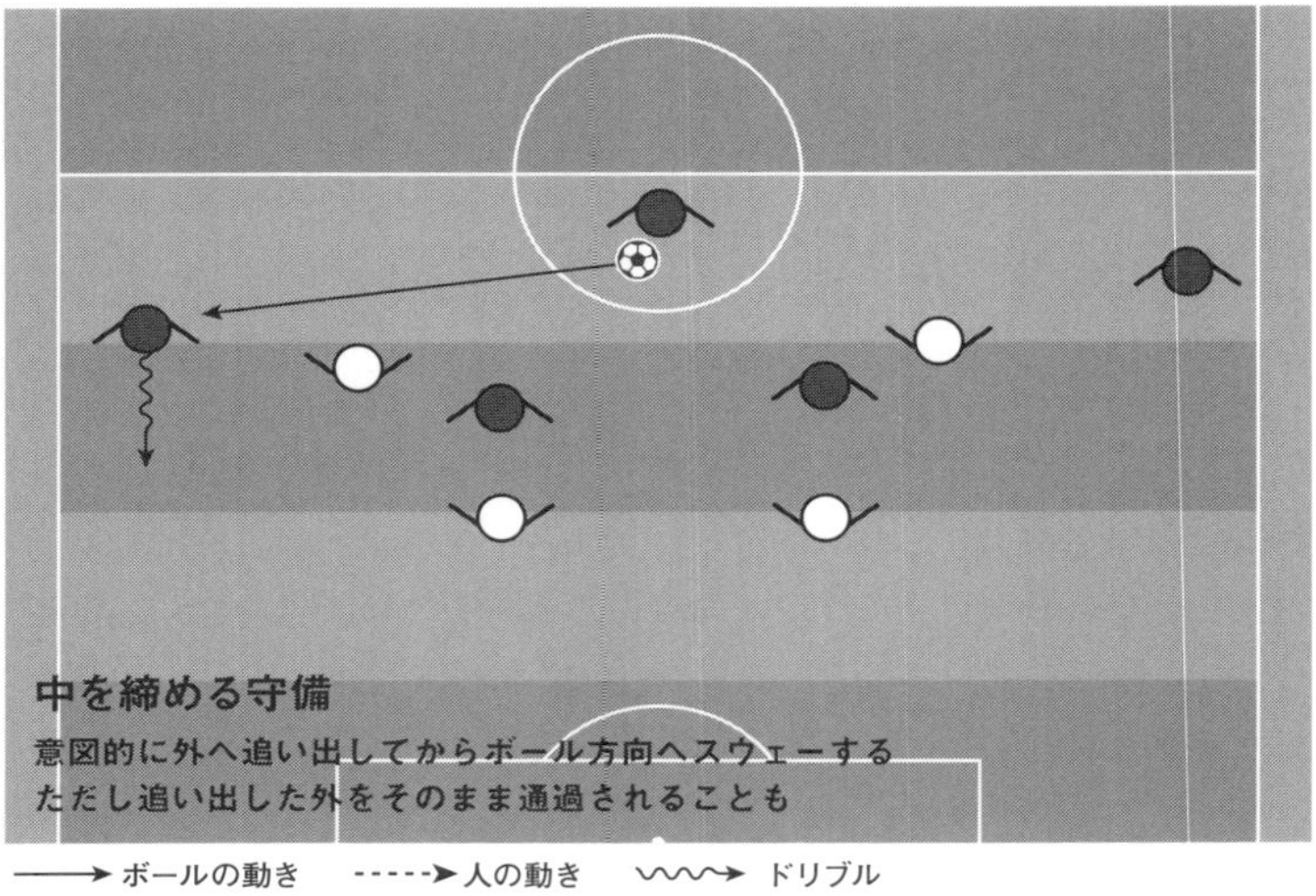
中を締める守備
意図的に外へ追い出してからボール方向へスウェーする
ただし追い出した外をそのまま通過されることも
ボールの動き
人の動き
ドリブル

という話になってきます。1人で20メートルの幅を守れるなら3人で横幅をカバーできるかもしれませんが、10メートルなら最低4人はいないと無理だということになる」

ここではMFを4人として考えてみる。守り方としてよく言われているのが「中を締める」だが、風間さんはこの守り方には懐疑的だ。

「サイドへ追いやれとよく言いますけど、サイドでフリーにしたらそのまま行かれちゃうこともあるんでね。どこを締めてどこを空けるかではなくて、4人なら4人それぞれの場所で相手を前に行かせないほうがいい」（図19・図20）

それぞれの担当エリアで敵を前進させない

［図20］

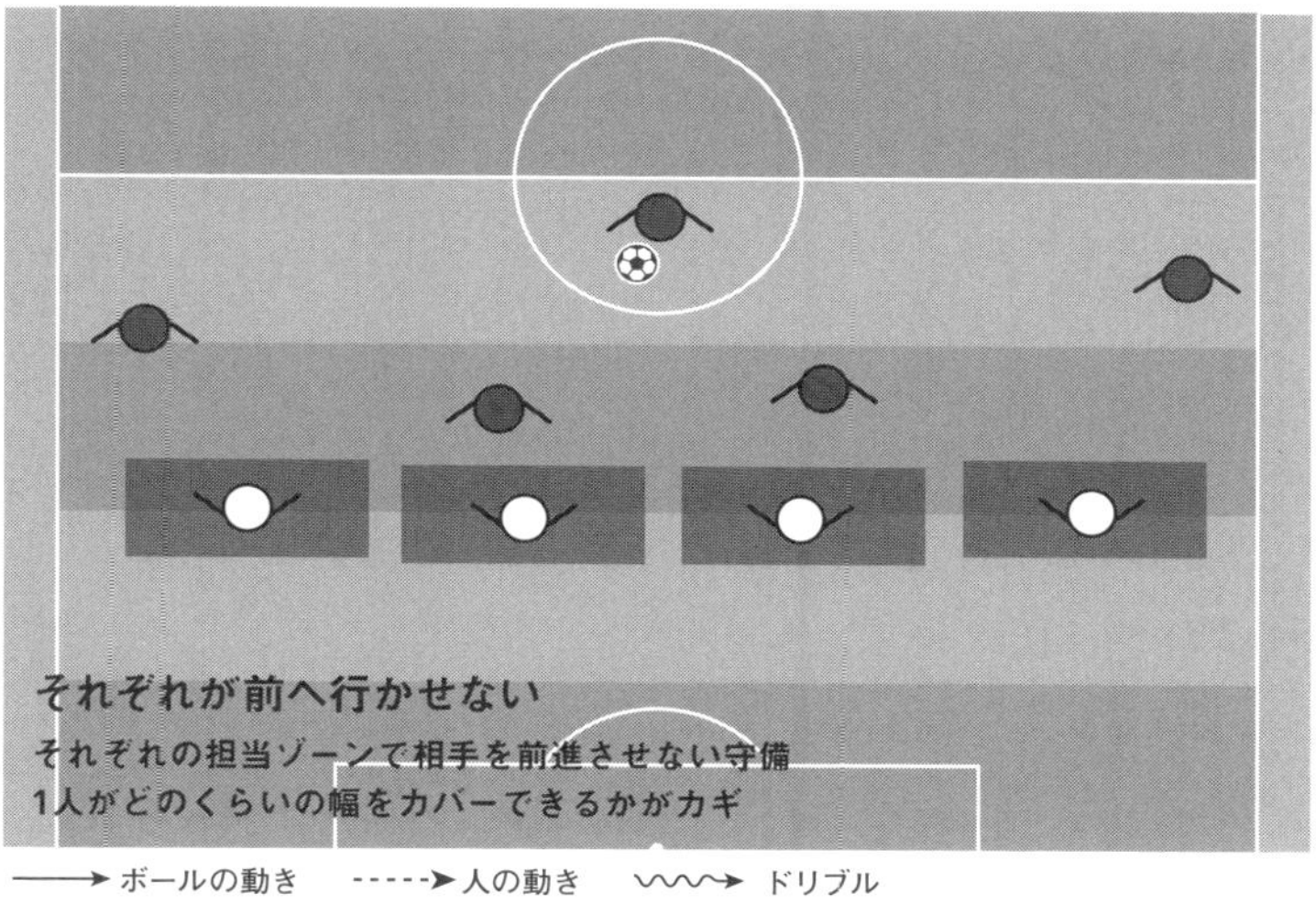
それぞれが前へ行かせない
それぞれの担当ゾーンで相手を前進させない守備
1人がどのくらいの幅をカバーできるかがカギ
ボールの動き
人の動き
ドリブル

こと。1対1の関係ならシンプルだが、自分のゾーンに敵が2人入ってきたときにどうするのか。つまり1対2の数的不利において1人で2人をどう足止めするか。ここは風間式守備のポイントといえるところでもある。

「前進させたくないわけですから、まず後ろの保証をしなくてはいけない。ただ、背後を誰かに埋めてもらうのではなくて自分でやること。そのうえでボールホルダーに顔をみせてやること。例えば、敵が2人いるなら1人に寄せる動きをみせる。ただ、何も考えないで本気で寄せたらもう1人がフリーになっているのでパスを通されて前進されてしまいますよね。だから、寄せるフリでいい。寄せるフリをしてもう1人にパスが出たら間に合う

［図21-1］

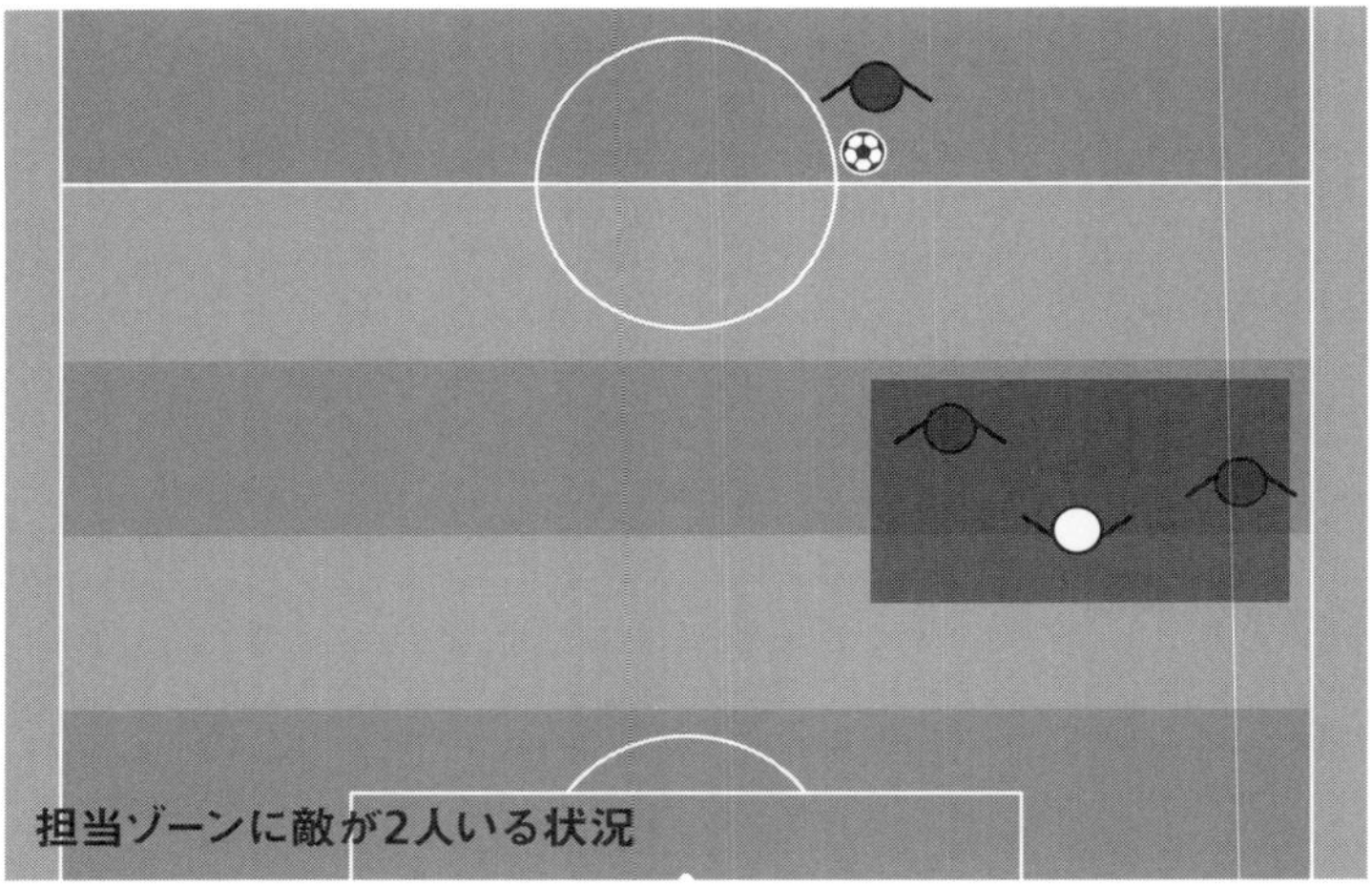

→ボールの動き　- - - -→人の動き

ように動いておく。パスが出ても最初からそのつもりですから間に合いますし、相手がパスを躊躇すればその間に味方がボールホルダーを食える可能性も出てくる」（図21-1、2、3）

ここで風間さんが攻撃のときに話していたことを思い出していただきたい。「敵の一歩がパスの合図」だった。守備は攻撃の反対を考えればいいわけで、いかに「一歩」を出さないかだが、数的不利の状況ではあえて「矢印」をボールホルダーに見せてしまう。そのフェイクの「一歩」を出すことでボールホルダーに対して守備側の意図したほうへパスを出させたり、パスそのものを牽制して出させないようにするのだ。これが「場所を消して

［図21-2］

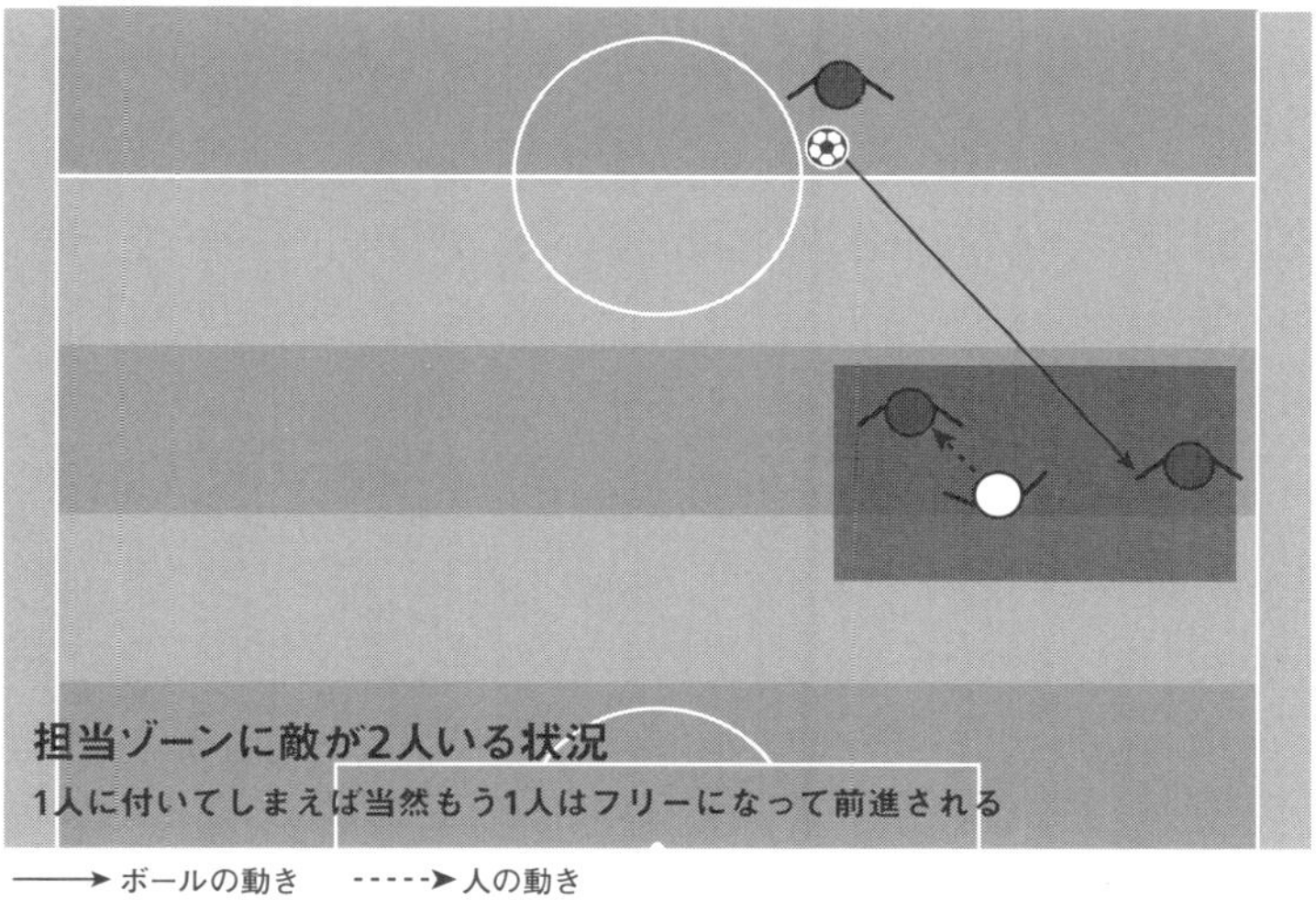
担当ゾーンに敵が2人いる状況
1人に付いてしまえば当然もう1人はフリーになって前進される
ボールの動き
人の動き

［図21-3］

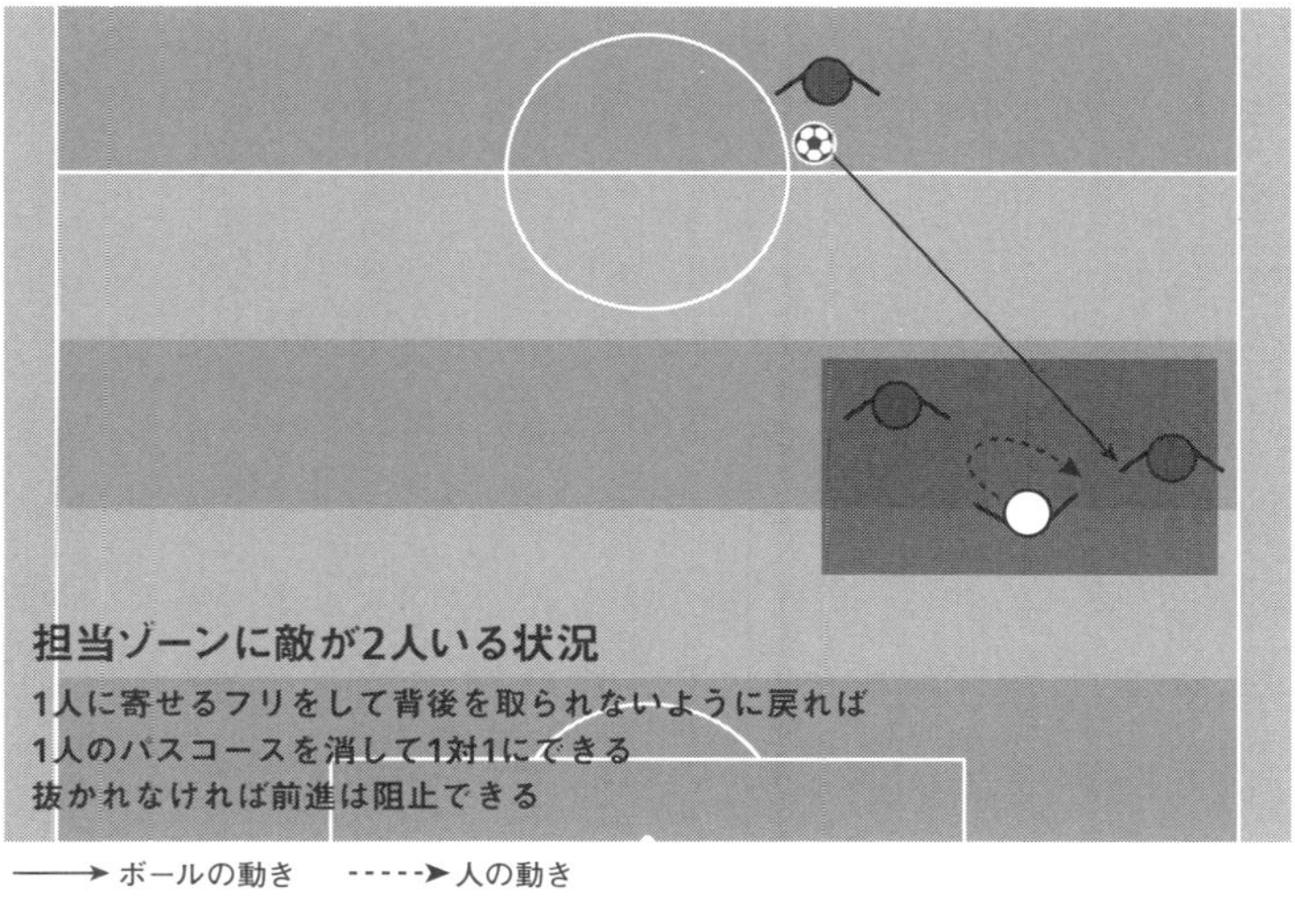
担当ゾーンに敵が2人いる状況
1人に寄せるフリをして背後を取られないように戻れば
1人のパスコースを消して1対1にできる
抜かれなければ前進は阻止できる
ボールの動き
人の動き

人をつかむ」ということになる。

まずは自分のポジションに戻る、いわゆるリトリートによって場所を消す。そしてその場所で相手を前に行かせないように守る。前進できないと相手はボールを後方へ下げるので、そのときはプレスに切り替えられる。自分の場所に相手が2人いたとしても、1人で2人に対して前進を阻止できる守備力があれば、自分の担当エリアでの前進は止められるだろう。それが4人の守っているエリアすべてで可能なら、相手は4人で形成されている中盤の守備ラインを通過できないことになるわけだ。ただ、実際には4人なら4人の守備範囲がある程度揃っていないと効果は出ない。

「2人だけできているぐらいだと、やられてしまいますね。全員ができていないと難しいと思います。ただ、こうした個の能力を高めていかないと守れる幅は広くなりません。皆がボールと味方の位置から判断して駆け引きを行えるかどうか。例えば、ボールホルダーに対してのパスコースの切り方を見れば、もうパスが出てこない場所もあるわけで、ボールが出てこないところに人が重なっていても意味がないですよね。攻撃では敵を見ろと言いますが、守備では味方を見なければいけない。味方を見ればある程度駆け引きはできる」

例えば1人が10メートルの幅を守れるとしても、4人×10メートルではフィールドの横幅は当然カバーしきれない。ただし、ボールを持っている相手の状況によっては守る必要のない場所も出てくるので、味方を見て動けばチームとして守らなければならない幅は短くすることが十分可能になる。けれども、やはり個人の守備幅は広ければ広いほど良いことは間違いない。10メートルよりも15メートル、20メートルならばチームとして守れる幅も当然広がる。

個人の守れる幅はトレーニングによって広げられると風間さんは言う。

「最初は10メートルでも難しかったのが、トレーニングを繰り返していくうちに15メートルぐらいにはなっていきます」

そうして個々の守れる幅を広げつつ、その枠をつなぐのが「前に行かせない守備」になる。

ゲーゲン・プレッシングへの反論

「ボルシア・ドルトムントが一時期ゲーゲン・プレッシングともてはやされましたが、1年目は上手くいったけど2年目は全然ダメでしたよね。前から主体的にプレスしていく必要性って、実はあまり感じていないんですよ」

風間監督のチームはボールを保持して攻撃するスタイルなので、必然的に敵陣でのプレス、いわゆるゲーゲン・プレッシングが守備の基本になるはずである。ところが、風間さんはゲーゲン・プレッシングそのものにはあまり賛同していないようなのだ。

「ドルトムントがなぜ失敗したかというと、相手の陣形が崩れていないのに前に突っ込んでいってボールを奪おうとしたから。時速100キロで奪いにいって100キロで返されたら実質200キロのカウンターになるじゃないですか。相手が下手だったらとれますよ。でも本当に上手い相手だったら無謀にプレスしてもとれるわけがない」

風間さんが疑問に思っている「主体的プレス」とは、言い換えると相手の状態を見ない独断的なプレス。言葉は悪いがいわゆるバカ・プレスで、そこに価値を置くのはどうなのかということなのだろう。

奪われた瞬間に奪い返す守備。ボールを保持して攻め込むスタイルのチームにとっては生命線になる守備だが、意外とそこにポイントになるような守備戦術や技術はない。むしろ決定的なのはボールを失ったときの状態である。そこを考えないで行為としてのゲーゲン・プレッシングにフォーカスするのは意味がない。前提条件の変化を無視してゲーゲン・プレッシングにこだわったドルトムントの失敗は必然だったわけだ。

「失った瞬間は、失った選手がだいたい一番近いわけですから、その人が奪いに行くこと。その瞬間はとにかくそこからボールを出させない、囲んでしまうのが一番。人数ですか？何人行ってもいいですよ、そこで奪えるなら5人いっても構わない」

ただ、無謀にプレスしていいわけではない。「やめるならやめていい」と風間さんは言う。つまり、そこに何人投入しようが（逆にいえばそれ以外の場所が数的不利に陥ろうと）、そこでボールを奪える状況なら奪いきってしまえばいい。しかし奪いきれないと判断したら、いったん引いて守備の2段階目にあたる「前に行かせない守備」へ移行する。奪いきれるかどうかの判断が重要になるわけだ。とはいえ、その判断を正確にできることも大事だが、それ以前に奪いきれる状態になっていることのほうがより重要である。「相手の陣形を崩している」こと。つまりハイプレスの成否のカギは攻撃なので、風間さんは監督としてあまり「守備」の話をしなかったのだ。守備を強化するには？ 失点を食い止めるには？ という質問に対する回答が「良い攻撃をすること」という禅問答のようなやり取りになってしまっていたのはこういう背景があったからだ。

「相手を押し込めているからプレスがかかるわけで、大きく蹴って前からプレスしたって上手い相手にはハマりませんよ。ただ、パスはつなげばいいというものでもない。数字は関係ないとよく話しているんだけど、意外と数字で出ちゃってるものもあって、いいときのパス本数はだいたい600~700本ぐらいなんです。800本以上つながるときもありますけど、それが必ずしも勝ちにつながるわけではありません」

800本もつながること自体、なかなか凄いことではあるけれども、それほどパスが多いということは攻め切れていない証拠でもある。

「パスがつながりすぎているのは、仕掛けられていない場合です。相手の3ラインの間へ仕掛けていく。FWとMFの間をとって、MFとDFの間をとる。そうすることでディフェンスラインに対して有利に仕掛けられるわけですが、その手前で止まってしまうと後方でのパスだけが増えていく。分かれ目は受け手が動きで仕掛けているかどうか。最初の1列目と2列目のところで仕掛けていないとそもそもパスはつながらないのですが、最後のところで仕掛けられずにウダウダしていると800本になっちゃう。つなげるようになると、空いた場所へつなぐだけになってしまうことがあります。敵の嫌なところに仕掛け続けないといけない」

風間さんのサッカーはポゼッション・サッカーと呼ばれるが、本人が「ポゼッション」をとくに意識しているわけではない。むしろ「パスはつなげばつなぐほど、本来ミスの確率は高くなる」と言う。当たり前の話だが、パスを何本つないでもそれだけでは得点にならない。仕掛けて得点するためのパスワークであり、逆に仕掛けられないとパス本数だけが徒に増え、それはかえって危険な状態とさえいえる。だから川崎でも名古屋でも、風間監督はゴール前でいかに仕掛けるか、それに対していかに守るか、そこからチーム作りをスタートさせている。

「最後の答えを持たないままパスを800本もつないだら危険ですよね。答えを持たずに式だけ先に作っていると、パスはつながるけど崩せないし点も取れないので、結局諦めることになる。800本パスをつないでカウンターで負けるサッカーになってしまうので」

パス300本のレベルだと、敵陣でのプレスは守備のメインにはならない。むしろ押し込まれることを前提にした守備になる。600本ぐらいから相手を押し込める状態になり、自分たちの距離でプレーができていてコンパクトにもなっている。つまり、ハイプレスが有効な状態が作れる。ただし、仕掛けが上手くいかずにパス本数だけが増えていくと、その中でミスも発生する。最も危ないのは、仕掛ける手前の段階でのパスが増加し、そこでのミスが発生すること。つまり、風間さんの言う「前に行かせない守備」をされて前進できず、前進できないままミスをつかれてカウンターされるというのが最悪の展開だろう。

攻撃の最終段階における仕掛けは結局のところ守備にも関わってくる。この点でも「守備だけ切り離しても意味がない」わけだ。

風間さんの守備論は、ボールを保持して押し込むチームを念頭に置いたものだ。そのため、良い守備をするためのポイントが実は攻撃の質に帰結する場合が多いのだが、反対に相手にボールを持たせて自陣で守備をするチームならば、やはり攻撃のポイントはいかに良い守備をするかに関わってくるはずである。その場合は、自分たちの守備陣形をなるべく崩さずにボールを奪うことが、有効なカウンターアタックにつながっていく。相手に振り回されて右往左往していては、たちまち守備陣形は崩れてしまい、ボールを奪ってもカウンターどころか相手のハイプレスによって封じ込まれてしまうので、いかに動かずに守れるかがカギになるだろう。

動かずに守るには、守備の優先順位がはっきりしていなければならない。相手に持たせても構わない場所、そこへ入ってきたら必ず仕留める場所を全員が理解していて、なおかつ実際に1対1で仕留められる個々の能力が前提になる。ボールを追いかけて振り回されるのではなく、むしろ相手を引き込んで潰してしまう守り方。風間監督のチームはそういう守備戦術をベースにはしていないが、それをしなければならない場合もある。つまり、自陣まで引いた場合の守り方＝「ゴールを消す守備」だ。

ゴールを消す守備と個の能力

「自陣ペナルティーエリアまで引いたら、まずゴールを消すことです。ゴールを消したうえで人をつかみにいきます」

風間さんは「お城を守るのと同じ」と言う。

「城を守るときは、守る場所を決めて兵隊を配置しますよね。いや、城を守ったことがないので実際のところは知りませんけど（笑）。守らなければいけないのはゴールですから、ゴールの幅から埋めていくイメージです」（図22）

「ただし、ペナルティーエリア内では人をつかまなければいけない。シュートするのは人ですから。そのときにはやはり味方を見ておくことです。ゴールを消すときに味方を見て、味方のいる場所には入っていかない。味方がいる場所はもういらないわけですから。けれども、敵ばかり見ていると逆に場所が空いてしまって人もフリーになってしまう」

整理すると、まずゴールを消すポジションを整える。この段階でバランス良く場所を埋

［図22］

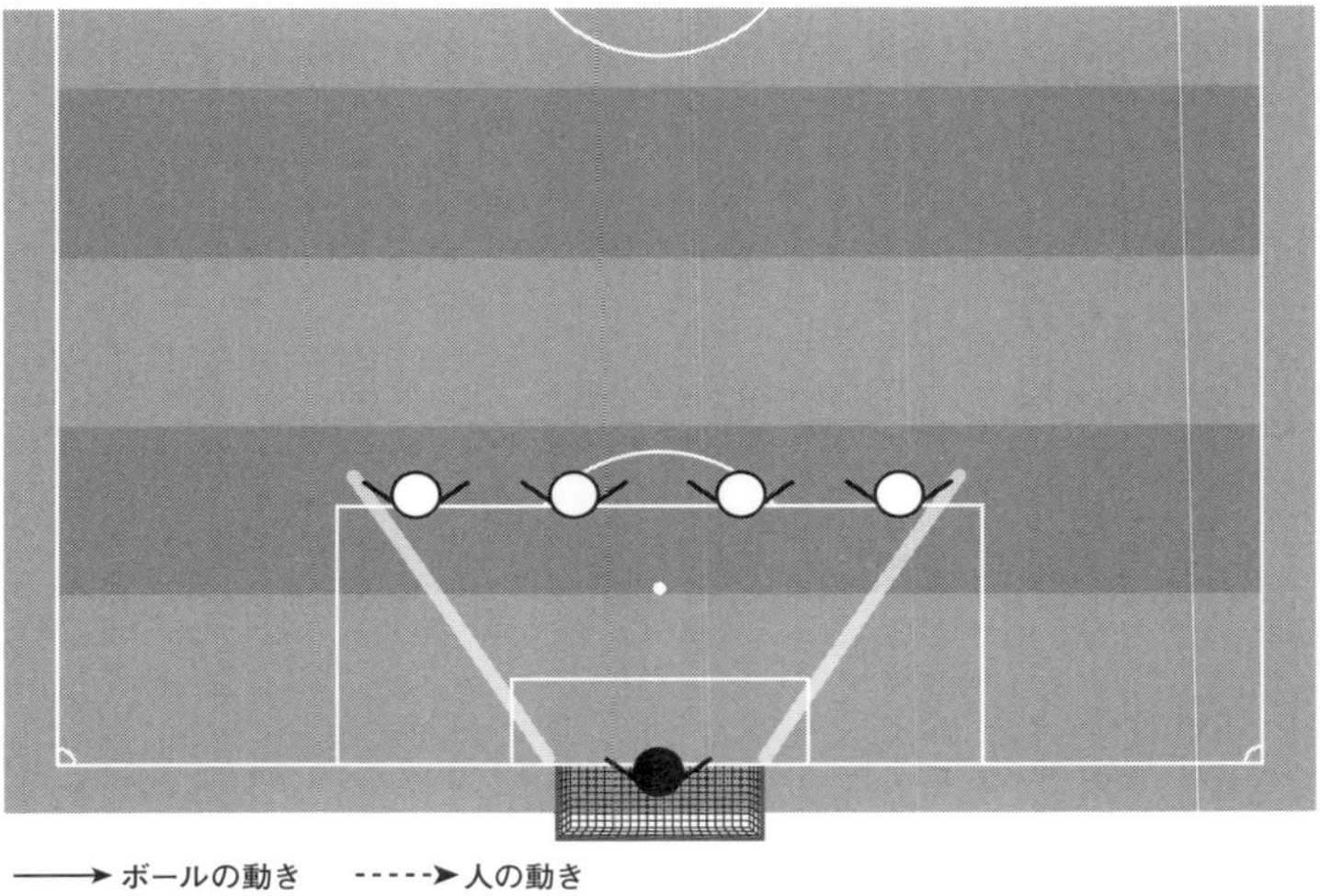

めていれば、ゴールを背中で隠した状態でそれぞれがつかまえるべき敵もみえてくる。味方を見ておくことで、敵をつかむ際のロスが少なくなる。1人の敵を2人がマークして、別の敵がフリーになってしまうようなミスを防ぐことができる。

「味方を見れば、意外と限定されていることもわかります。そのあたりが整理できていると守備に余裕が生まれますが、そうでないと人数は揃っているのにやられてしまう」

風間さんが守備において「味方を見ろ」と強調しているのは、それによって無駄を抑えられるからだ。守備が受け身になるのは仕方ないが、その中でも味方を見て予測を立てることで受け身の度合いを小さくすることができる。

ただ、守備は組織だとよくいわれるが、組織を構成している個の能力によって決まってくるところは大きい。無駄を減らして守備の効率を上げれば個の能力をより集中的に使えるようにはなるが、それでも最後は個人にかかってくる。

「シュートブロックのときに、シュートしようとしている相手の足下へブロックする選手がよくいるのですが、これだと間に合いません。相手の足ではなくてシュートのコースへブロックしなくてはいけない。コースに行けば間に合っているのに、足下へ行ったために間に合わないというケースがよくあります」（図23）

すでに相手にマークを外されて、シュート体勢に入られている。守備者が同じ場所から同じスピードでタックルに行くならば、シュートの軌道へ動いたほうがわずかに距離は短い。足下へ飛び込んでも間に合わないケースでも、コースへ飛び込めば間に合う可能性があるわけだ。

「意外と皆知らない。これがわかっていれば、1対1で外されてもまだ止められるチャンスがあるわけです。それだけ幅のある守備ができるから、それ以前の対応も余裕が生まれる。ユベントスのＤＦなどが落ち着いてジタバタしないで守れるのも、個の能力が高いの

［図23］

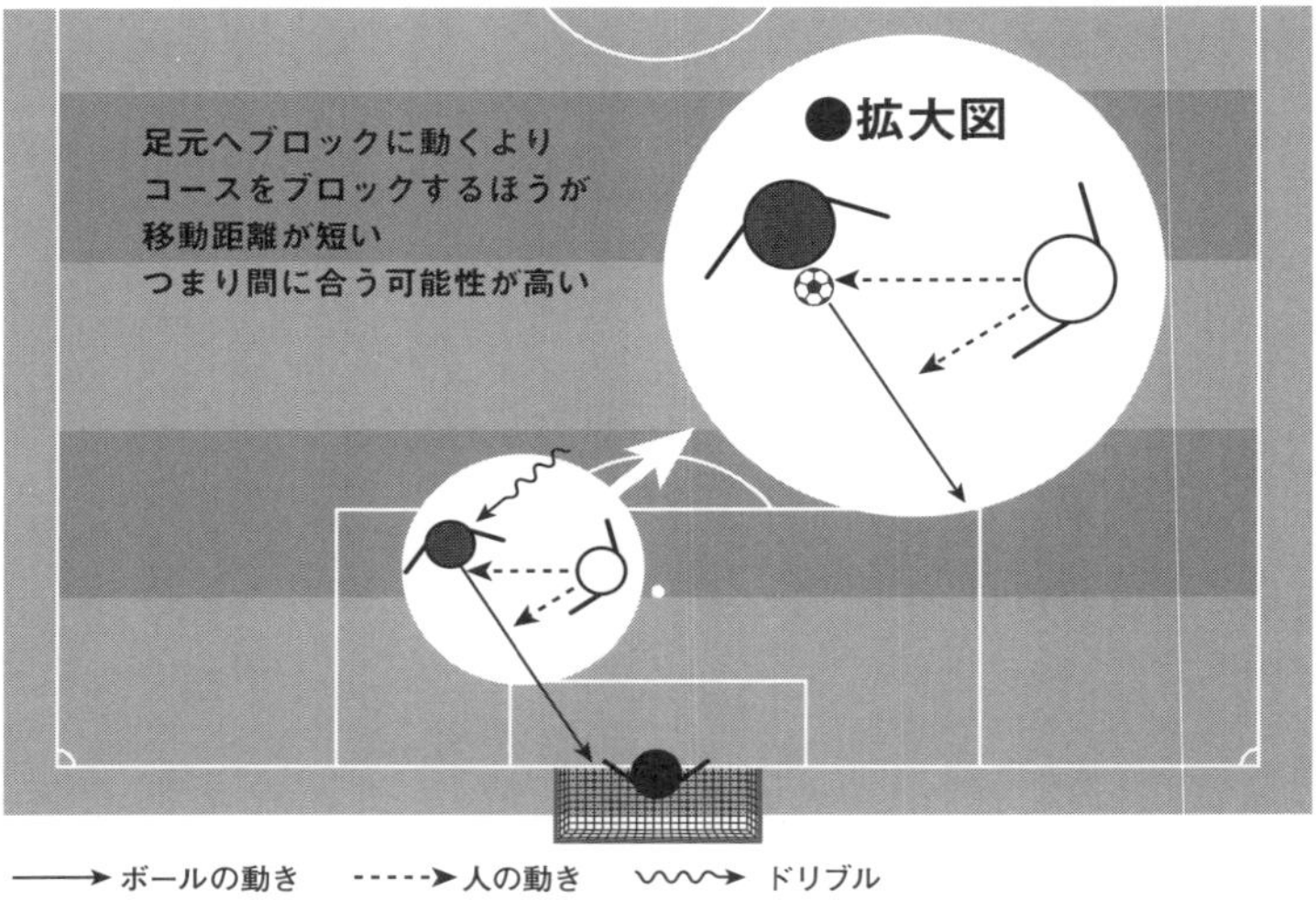
●拡大図
足元へブロックに動くより
コースをブロックするほうが
移動距離が短い
つまり間に合う可能性が高い
ボールの動き
人の動き
ドリブル

で最後のところを止めてしまえばいいという余裕があるからです。自分の背後をとられてもまだ自分でリカバーできる、かわされても終わりじゃない。そういう選手が揃えば強い。屈強な守備になりますよ」

辛口な書き方をすると、守備組織をマスゲームと勘違いしている指導者もいるのではないかと思う。見た目はきれいにポジションがとれているけれども、1対1で仕掛けられると弱いし、マークしていてもヘディングで競り負けてしまう。

「今はパズルの話ばかりかもしれない。チャレンジ&カバーなんていったところで、弱い選手はそもそもチャレンジになっていない。それを形だけでみても無意味です」

守備における1対1の強さは、風間さんによると「自分を知ったうえで、敵をみてわかること」にあるという。

「1対1を強くしようと思うと、1対1のトレーニングをやろうとするわけですが、それだけでは不十分です。その前に1対1の状況を自分で作るためのトレーニングをやらないといけない。1対1をどう作るか、そこから教えないといけない」

1対2の状況でも、そこから1対1に変化させる。簡単な例をあげると、自分がマークしている敵にパスが入らない状況になった瞬間には1対2から1対1に変えられる。**（図24－1、2）**

もう1つの例はカウンター対策として使われるストッピングと呼ばれる守備戦術。どちらもボールホルダーの状態を見極めて瞬時に数的不利を解消する動きだが、ここでポイントになるのはボールがドリブラーの足から離れた瞬間を見逃さずに利用できるかどうかだ。

「ドイツでプレーしているときには、身長190センチの相手と空中戦になるわけですよ。まともに競り合ったら勝てるわけがない。そのときにやっていたのは、相手を最高打点でヘディングできる場所に行かせないことでした。先にボールの落下点に入って、体で相手

[図24-1]

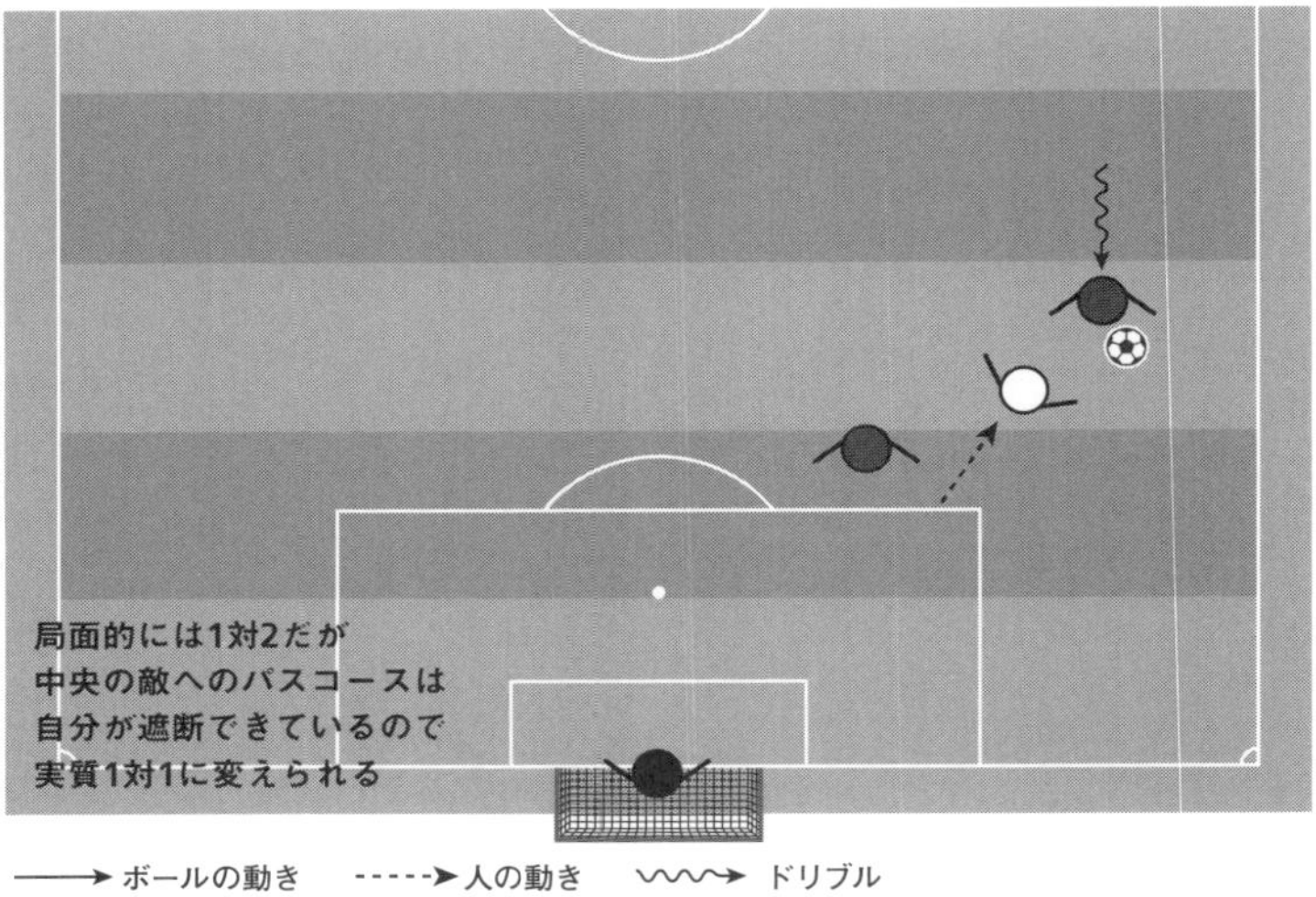
局面的には1対2だが
中央の敵へのパスコースは
自分が遮断できているので
実質1対1に変えられる
ボールの動き
人の動き
ドリブル

[図24-2]

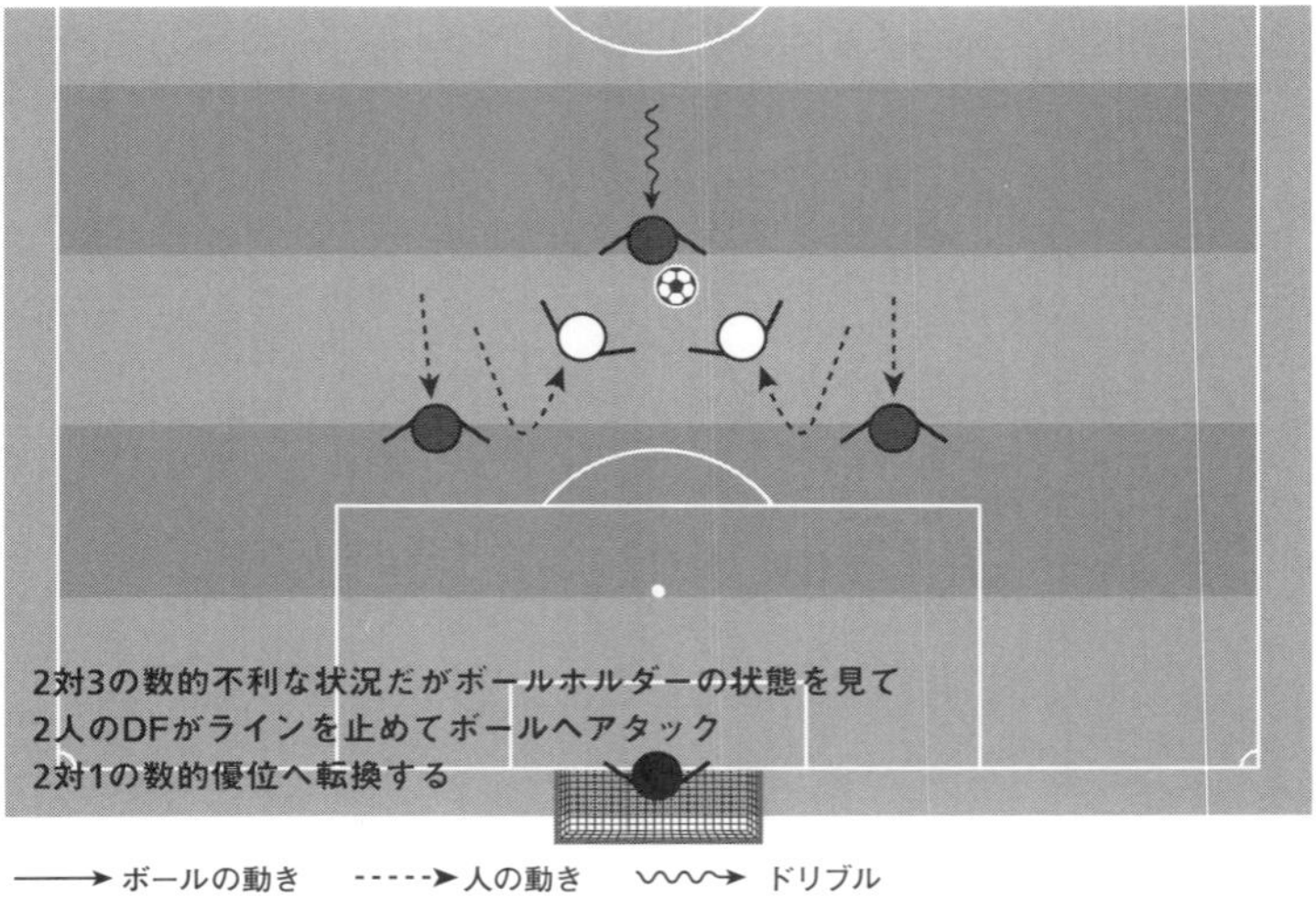
2対3の数的不利な状況だがボールホルダーの状態を見て
2人のDFがラインを止めてボールへアタック
2対1の数的優位へ転換する
ボールの動き
人の動き
ドリブル

を止めておく。自分の最高打点で競り合えるようにして、そこよりボールに近い場所へ相手を行かせない。そうすればこちらの最高打点で勝負できる。当然そこは相手も届くわけですが、こちらも届くので勝負にはなる。相手を最高打点で触れる場所へ行かせてしまったら、こちらはもう届きませんからね。つまり、この場合は190センチの敵との勝負ではなくてキッカーとの勝負なんです。いかにボールの軌道を読んで先に入るかなので」

アフリカ系の運動量抜群の選手とサイドでマッチアップしたときには、

「まずスピードを止めなければいけない。速い相手とやるときは、体に触れる距離になるまでは我慢します。足を出して入れ替わられたら追いつきませんからね。速い選手はそこまで上手くないこともあるので、パスはさせてもいいから我慢して少しずつ寄せる。相手はボールをこちらの背後へ出してスピードで抜こうとしますから、そのときに相手の体とボールの間のコースに入れば奪えます。ただ、あのときはボールが全然来なくてね。ボールが来ないのにずーっと走ってましたよ。1試合で2、3回しか触れないの。後半はバテるだろうと思っていたんですが全然バテない（笑）。結局、それにつきあわされているこっちも全然ボールに触れない。試合後に監督から『今日はよくやってくれた』と言われたのですが、全然面白くも何ともないわけ（笑）」

我慢大会みたいになることもあるわけだ。とはいえ、いろいろなタイプの相手との対戦で、風間さんは相手の力関係をみながら駆け引きをして対処してきた。

「自分にとって良かったのは、中学生になって急に足が遅くなったことでした。それまでは速かったのに、周囲が成長期で速くなっているのに自分だけ身長が止まっていて相対的に足も遅いほうになってしまった。中学1年生から高校1年生ぐらいまでの間は、身体能力で劣っている中で読みと駆け引きで補うことを覚えるしかなかったわけです。足が速いままだったら、逆にそこへ意識がいかなかったでしょうね」

CH5

風間理論とサッカーの本質

サッカーを明確に定義する

風間八宏監督のサッカーをひとことで表現すると「理詰め」になると思う。あまり理論派というイメージはないかもしれない。サッカーを教科書的に学んだ指導者とは一線を画していて、その点では理論派という印象ではないからだ。ただし、理詰めである。風間さんが理詰めなのは物事の本質に迫っているからだろう。途中でやめていない、わかった気になって終わらせていない。

例えば、相手の守備を崩すことを考えるとき、風間さんは「敵の１人」にフォーカスする。相手の守備を組織で考えない。組織といっても個人の集まりなので、最終的に攻略するのは組織ではなくて１人の敵だからだ。もっといえば、１人の敵は１人の人間にすぎず、人間である以上やれることはかぎられている。足が３本も４本も付いている人間はおらず、動き方には自ずと限界がある。例えば１つの方向へ動く、あるいは体重をかけた人間は、その瞬間には逆方向へは動けない。当たり前の話だ。当たり前だから見過ごしてしまう。しかし、その当たり前の事実に着目すれば、１人の敵をいかに攻略すればいいかがシンプルに見えてくる。逆にそこへフォーカスせず、組織全体を見てしまうと全く攻略の糸口が見えないまま袋小路に入り込むことにもなりかねない。

風間さんは指導の現場でも、議論が噛み合わないことが少なくなかったという。「例えばビデオを編集して分析をする時は、作業になってしまえば意味がない。だから『もういいから、何回見ても同じだから』と言ったことがあります。要はボールが『止まっていない』。止まっているのか止まっていないのか、そこからして噛み合わないから何を話しても通じない」

そのたびに「いや、いろいろな考え方があるから……」と言われたという。

「いろいろあるのはわかる。でも、それを1つにするのがここじゃないのか？」

分析が「作業」で終わってしまっているのは理を詰めていないからだろう。こういう傾向があった、こういう現象があった、そうした分析はたくさんしている。では、だからどうするのか。そこが詰められていない。ボールを止めること1つでも定義がない。しようと思えばできるはずなのに誰もそれを決めない。

アルゼンチンの名将の1人、セサル・ルイス・メノッティは、サッカーは4つの言葉に集約されると言った。

〈定義・発展・補完・継続〉

まず定義すること。それが何かを決めることからすべてが始まるわけだ。風間さんの定義では「止める」とはボールを「静止させること」である。動いていたら「運ぶ」であり、運ぶ意図なくボールが動いているならそれはミスでしかない。これは風間さんの定義だ。ボールを止めること1つでも、風間さんとはまた違った定義はあるかもしれない。それこそいろいろな考え方はある。ただ、それならそれで定義をしなければならない。それなしには話が進まないからだ。つまり発展がない。

風間さんが「止める」の定義を明確にしているのは、それをはっきりさせないとパスのタイミングである「いま」をチームで共有できないからだ。別の〝風間語〟でいえば「目が揃わない」。「いま」を共有することで、パスを受ける選手が適切なタイミングでアクションを起こすことができる。瞬間的にフリーになることができる。そうなると、「フリー」の定義も明確化される。フリーはパスを受けるときの周辺面積がどのぐらいかではなく、その瞬間に相手の妨害がない状態ということになる。だから敵との距離1メートルでもフリーはありうる。そして、最終的には守備側のDF1人をいかに攻略するかだが、風間さんは人間の動き方という普遍的な部分に着目する。簡単にいえば、人が人である以上、防ぎようのない状態を作ることを目指している。

いずれにしてもまず定義があり、そこから発展が起こる。その過程での問題点や弱点を補完しながら、さらに継続する。サイクルの出発点は「定義」であり、そこを曖昧にしてしまうとすべてが曖昧になってしまうわけだ。定義のないサッカーは発展せず、何を補完したらいいかも定まらない。そのときどきに浮上した弱点や「世界のトレンド」といった極めてあやふやなものに振り回されるだけの、およそ継続性のない強化策が付け焼き刃的に繰り返されるだけになってしまう。日本協会にはそのまま当てはまりそうだが、日本だけのことでもない。物事を定義すれば、その他のいろいろな考え方を結果として排除することにつながる。それは勇気のいることだ。そして、理を詰めて「これ」という結論に到達していなければならないのは言うまでもない。

明確な定義のある風間監督のチームには、適さない選手がどうしても出てくる。ただ、風間さんは合わない選手を否定しない。それは文字どおり合わないだけであって、別の定義から成立している他のチームなら適応するかもしれないからだ。理詰めに定義することは1つの方向性にチームを収斂させていくが、だからといって他のサッカーを否定するわけではない。それは確かに「いろいろな考え方」があるわけだ。

しかし監督としてチームを率いる以上、定義をはっきりさせてチームのあり方を明確にしなければならない。いろいろな考え方があっても、1つに決めなければ何も先に進まないからだ。

●言語感覚

風間さんの定義の仕方は独特だ。

「これが普通としか思っていないんだけど（笑）」

よく聞いてみると、実はどこかで聞いたことがある。ボールをワンタッチでコントロールしなさい、次のプレーにスムーズに移れる場所に止めなさい……誰しもそう教えられた経験はあるはずだ。ただ、ワンタッチでコントロールするとは実際にどういうことなのか、次のプレーにスムーズに移れる場所は具体的にどこなのか、そこまで詰められていなかった。そこを突き詰めて明確化した結果が、いっけん難解な風間語になっている。

「わざと分かりにくくしているところはあります。例えば『ドリブル』だと、こちらを向いてくれないけど『運ぶ』と言えば、なんだろうと思って向くかもしれない。もう1つは、明確化すること。定義がはっきりすれば区別ができる。『止める』と『運ぶ』の定義がはっきりすれば、『押し出す』なんてないよということがはっきりする。それは『運ぶ』だよということ。選手は止めているのか運んでいるのか、その区別を意識してプレーするようになります。あとはなるべく抽象的なものは省いていく」

言っていることは日本語として難しくはない。「止める」「受ける」「外す」……このあたりは非常にシンプルだ。ただ、「矢印を出させる」「敵と同じものを見ない」になると、うん？　という感じ。「攻撃では敵を見る、守備では味方を見る」になると、普通は逆なような気がする。こうした風間語が出来たのは、テレビの仕事をしていた影響だろうと風間さんは自己分析している。

「テレビでは短い時間に合わせて話さなければならないですよね。そのときにどう言えば伝わるか、あるいはインパクトがあるかを考える。同時に子供にサッカーを教えながら、同じ言葉を使って伝わるかどうかの反応も見ることができた。その繰り返しの中で出来てきたように思います。無理矢理、何か捻り出しているわけではなくて、自分でもわからないことを言っても当然伝わりませんから、なるべく噛み砕いて伝えるように考えていました」

指導者にとってアイデアは大切だが、せっかくのアイデアも伝わらなくては意味がない。風間語も試行錯誤の中から生まれてきたようだ。ドイツへ行く前の風間選手は、実はあまり伝えるのが上手ではなかったという。

「今西（和男）さんには『熱は伝わるけど、そこまで言いたいことはわからなかった』と、後で言われました。『ドイツへ行ってからしゃべるようになった』と」

日本語とドイツ語の文法の違いが影響している。英語もそうだが、ドイツ語はまず結論から話す。自分はこう思う、なぜなら〜という順番の話し方だ。日本語は結論が最後で、最後まで聞かないと「思う」のか「思わない」のかはわからない。外国語を学ぶうちに母国語の整理がついてくるというのはよく聞く話でもある。

「ドイツ語はごまかしが効かない。日本語は語尾でごまかせるけど。それを意図的にやると日本語は便利ではあるんですが、以前は意図的じゃなくて最後のところをはっきり言わないままだったりしたので伝わらなかったんだなと思いました。『ポイントは2つな！』と最初に言えば伝わりやすいじゃないですか。3つだと、3つめを言い忘れてしまうので最近は2つにしていますけど（笑）」

異なる体系の言語を学んだことで話し方が上手くなった。ただ、それよりも風間さんは「ドイツ人は話すのが上手かった」という。ドイツ人の話の上手さに感心し、それに影響を受けたという。

「チームが分裂してしまって何もかも上手くいかない時期があって、ふと『こんな状態でサッカーやりたくねぇ』と漏らしたら、U－21の若い選手にこう言われました。『お前の楽しいサッカーってのは50歳や60歳でやればいいんじゃないのか？　ここだから足蹴っても顔に肘入れても何も言われない。こんなことって一生にそんなにないぞ。楽しくないか？』と、年下に言われましたからね。自分もプロだからそういうことは思っていたけど、あまり上手く言えていなかった。こういうのがポンポン出てくるんですよ。そのたびに上手いこと言うなと思っていました。演説の国ですね」

日本ではあまり「演説」はしない。論理的に話しきってしまうよりも、言外に意味を持たせたり雰囲気で察し合う。ただ、指導者はやはり言葉を持っていなくてはならない。

「あんまり論理的に話すと日本ではキザっぽくなりますからね。ただ、私も監督として演じている部分はかなりありますよ。普通じゃ恥ずかしくて言わないようなことでも言ってますからね」

●ボールポゼッションと風間理論

「ドイツに勝ちたかったら五分五分でボールを持てても勝てません。勝ちたかったら7：3か8：2まで持っていく必要がある」

風間監督のサッカーは「パスサッカー」「ポゼッション・サッカー」と呼ばれる。それは当たっている部分もあるが、言葉が一人歩きしているところもある。風間さん自身は、「そもそもポゼッションなんて、あまり言ったこともない」

ボールポゼッションという用語が定着したのは、せいぜいこの20年ぐらいだろう。94年ワールドカップのときには、すでにスタッツとしてボールポゼッションが出ていたけれども、そのときはパーセンテージではなくて何分何秒と米国らしく時間表記だった覚えがある。サッカーの数値はボールポゼッションだけでなく、現在は走行距離やスプリントの回数など、さまざまなデータが見られるようになった。ただし、サッカーのデータは単純に見てはいけないところもある。

「パス800本はつなぎすぎ」

風間さんが言っていたように、パス300本では満足な攻撃はできないが800本ではつなぎすぎで、600~700本が適性である。同じようにボールポゼッションも60％ぐらいが最も判断が難しい。こちらが60%なら相手は40%、相対的に優位に思えるが60%を超えて試合に負けている例などいくらでもあるのだ。統計を見たわけではないが、印象としては60%ぐらいだとむしろ負けている場合のほうが多いのではないか。しかし、70%を超えてしまえばまず負けない。サッカーで70%のボールポゼッションは、ほとんど1つのチームしかプレーしていないような状態だ。30%のポゼッションではほとんど攻撃ができないので勝てる確率はかなり低くなる。

ボールポゼッションはどちらのチームがどれだけの割合でボールを保持していたかを表すだけの数値であり強弱は表していない。ただ、大雑把な傾向としていえば7：3ならポゼッションの高いほうが有利だが、6：4なら4：6のほうがむしろ勝機がある。これは本質的にサッカーがロースコアのゲームだからだ。点が入りにくく、守備側に有利にできている。60%程度のボール支配では得点増に直結しないのだ。むしろ、引いている守備を崩すよりもカウンターアタックのほうが点は取りやすいので、相手にボールを持たせてカウンターを狙うチーム、つまり40%のほうが勝てたりする。

２０１２年に日本代表が遠征試合でフランス、ブラジルと対戦したときのことを思い出す。パリで行われたフランス戦の日本は防戦一方だった。少なくとも前半は勝てる要素をほとんど見いだせない内容だった。ところが、後半には何度かカウンターアタックから際どいチャンスを作れるようになり、最後に1点を奪って勝利した。40％のほうが勝つ試合の典型だった。次にポーランドでブラジルと対戦したときは、日本のほうがボールを支配する内容になった。ところが、こちらは0－4の大敗を喫している。

「日本はブラジルに対して、最もやってはいけない試合をした」

筆者は当時そのように書いた。ブラジルは日本にボールを持たせたうえで守備を固め、効率的なカウンターアタックから着々と加点している。その試合でプレーした遠藤保仁は、

「崩せるイメージが全く湧かなかった」

と、ブラジル戦を振り返っていた。日本がパスをつないで攻撃できたこと自体は悪いことではなかった。ただ、ブラジルは日本の出方を見て引いてスペースを埋めた。日本の攻撃力を見切っていたのかもしれないし、それしか選択肢がなかったのかもしれない。いずれにしろ、日本が前がかりになったところでカウンターを繰り出してきた。そうなると広いスペースでブラジルの個人技を止めるのは難しかった。ネイマールを筆頭に突破力のあるブラジルはカウンターをさせたら世界でもトップクラスのチームである。だから「最もやってはいけない試合」なのだ。

この強豪国（フランス、ブラジル）との2試合から導き出される教訓は何か。強豪国に勝つには堅守速攻こそベスト、日本はボールを持ってはいけない？　いや、たぶん違う。そういう結論になりそうだが、それはおそらく間違っている。

まずフランスに勝てたのは〝たまたま〟である。フランスにボールを支配されて日本は引かざるをえなかった。しかし、その結果フランスは攻めにくくなり、攻め疲れたところで日本は逆襲に成功した。ただし、これはあまり再現性がない。フランスは多くのチャンスを作りシュートを放っていた。あの日のフランスにたまたま決定力がなかったから助かったものの、3点取られていてもおかしくないぐらい押されていたのだ。サッカーではありがちな試合とはいえ、フランス戦の日本はいわば10試合に1回しか起こらない勝利を引き当てただけなのだ。毎回これを引き当てるのは無理である。守備が強固で、フランスにほとんどチャンスを作らせなかったというなら、そういう戦い方も十分ありなのだが、事実はそうではない。日本の守備陣はたまたま無失点でしのげただけだった。

ブラジル戦での日本は反対にボールを支配して押し込めていた。しかし、だからといって有利だったわけではない。あまり有効な崩しはなく、ボールを持たされている状態といっていい。ブラジルにカウンターを許すのも作戦上悪手である。ただ、ここで冒頭の風間さ

んの言葉を借りれば、

「勝ちたかったら7：3か8：2まで持っていく必要がある」

ブラジルにカウンターを許したからスコアが開いたわけだが、カウンターすら許さないぐらいボールを支配していれば大量に失点することはなかっただろう。ボールポゼッション60％では強豪国に完敗する。が、70％を超えれば事態は変わってくる。ただ、強豪に勝つための本当のポイントはそこではない。

ポゼッション70％なら大量失点はなかったかもしれないが、それでもネイマールにドリブルされれば1点や2点は奪われるかもしれないからだ。ポイントは崩せるかどうか。つまり、「崩せるイメージが全く湧かなかった」という遠藤の言葉こそが敗因なのだ。70％保持したところで、崩して点を取れなければ勝つことはできない。失点の危険は減るかもしれないが、得点の可能性を上げないかぎりポゼッションには意味がないからだ。

「パスはつなげばつなぐほどミスの確率は上がる」

風間さんがそう言っていたのは、もちろん「パスをつなぐな」という意味ではない。崩せる見通しを持たなければいけないということである。それなしにパスをつなぐだけなら、当然引いた相手の前で攻めあぐみ、かえってカウンターを食らって負けやすくなる。

「(最後のところの見通しがなければ) 怖くてパスなんてつなげませんよ」

崩せるか否か。これがすべてといってもいいかもしれない。ただ、風間さんはドイツ(世界王者) に勝とうと思ったら五分五分ではダメだと言っている。これは個の能力で勝てないという現状を前提にしているからだろう。チャンスの数が同じなら強豪国のほうが強い。ネイマールやメッシやロナウドのいるチームのほうが高い確率でチャンスを得点に変えられるからだ。逆にそうした個の力を抑え込む個の守備力でも日本はかなわない。もし、日本が個の能力で強豪を上回っているならポゼッションは五分五分で構わないのだが、現状そうではない。だから強豪国を圧倒するチャンスの数を作らなければならず、「7:3か8:2」で押し込む必要が出てくるわけだ。

6:4ぐらいでは個の能力(決定力、決定機阻止力)の差で簡単にひっくり返されてしまう。これはメキシコの例がわかりやすいだろう。メキシコは強豪相手にもボールポゼッションで負けない力があるのだが、両ゴール前での個人能力の差で勝ちきれない。勝とうと思ったら、もっと圧倒しなければ難しいわけだ。

風間さんのサッカーにおいて、高いボールポゼッションは外見上のわかりやすい特徴にはなっている。自分たちがボールを持ってプレーすることを前提にしている。ただし、それは最後のところで崩せる見通しを持っているからだ。崩して点を取れるから、ボールを持って攻撃する。

「わざと引いて奪ってカウンターというサッカーも嫌いじゃない」

意外に思えるかもしれないが、風間さんはそういうサッカーも考えたことがあるという。ただ、それを実行するには強固な守備力が前提になる。どちらが実現しやすいか考えると、攻撃したほうが良いという結論になった。

率いたチームの選手の特徴から攻撃をベースにしようと考えたわけだが、理論的にも攻撃したほうが有利だからだろう。これはサッカーの面白いところなのだが、現象的には守備のほうが有利なのに理論的には攻撃側に有利なのだ。ごく簡単にいえば、どんなに読みが鋭くても守備側に主導権はない。先にアクションを起こせるのは常に攻撃側、ボールを持っている側であって、守備は常にリアクションになる。

自分たちに主導権がないサッカーは相手次第だが、自分たちに主導権があれば自分たち次第。とくに風間理論では、崩せるかどうかを相手との能力差に依存していないのが大きなポイントといえる。崩しの方法が絶対的な速さや高さに依存しておらず、能力差があってもあまり関係がなく崩せる方法なので、相手は関係なく自分たち次第といえるのだ。自分たち次第で強くなれる、どんな相手でも倒せる可能性がある、そのほうがチームビルディングにおいて建設的なアプローチだというのが風間方式の隠れた理由なのではないだろうか。

「点を取れる自信があると、下を向かないですむ」

その意味で、風間さんのサッカーを「ポゼッション・サッカー」と呼ぶのは外れていない。

●特殊能力に依存しない崩し

「人体は皆同じです。1人を崩せれば、相手の陣形など関係なく崩せる。それを将棋みたいに考えていたら、本当に攻撃の強いチームは生まれないでしょう」

風間サッカーの核になるのは「崩し」である。

最終的に崩せるから、そこまでは多少ゆっくりつないで運んでもいい。パスをつなぎながら機が熟していないと考えたら何度でもやり直せる。多少の決定機を決め損ねても、まだ次があると思える。失点しても、まだ十分返せるから自信が揺らがない。高いポゼッションによって相手の攻撃機会を減らすこと、ハイプレスをかけやすいこと、これらもすべて最後は崩せるということが前提になっている。

そして重要なのは、崩せる根拠が個人能力に依存していないことだ。

相手を外してパスを受ける、そこへ正確でタイミングのいいパスを供給する、こうした風間理論での崩しは個人にかかっている。ただ、そこで要求されているのは圧倒的な能力差ではない。メッシのようなドリブル、ロナウドのようなヘディングが要求されているわけでもない。もちろん個の能力が高いにこしたことはないが、敵との力関係で絶対的に有利でなくても構わないのだ。相手との絶対差ではなく、相対的に速いことが崩しのポイントだからである。つまり、相手が動いているのとは反対方向へ動く、あるいは相手が止まっているときに動く、そうすれば相手より確実に速い。ヨーイドンでどちらが速いかはあまり関係がないからだ。

「人体は皆同じ」

風間さんがそう言っているのは、選手の能力が皆同じという意味ではない。人体の構造が基本的には同じだということだ。だからどんな相手に対しても相対的な速さは作り出すことができるので、風間方式の崩しは世界的であり普遍的ともいえる。相対的な速さの差でフリーになった瞬間にパスが来ていれば、そこからシュートまで持っていく時間は1秒ぐらいだろう。その1秒でやりきる速さは必要だが、それ以上のものは要求されない。

「攻撃は進化していくべきだけれども、崩しの絶対的な原理は変わらない。だからそんなに相手チームの分析もいらないんです。相手に振り回されずにサッカーができます」

人体の弱点をつくのが崩しの原理なので、人体が皆同じである以上、それほど相手を分析する必要はないわけだ。どういう布陣で守られても、最終的には1人の人体を攻略することに変わりがないからである。

「チームのベースを作るというと、たいがい守備のベース作りのことですけど、攻撃にもベースはあるんですよ。ただ、それを知らないだけで」

指導者は守備を作ることはできるが、攻撃は選手の才能次第とよくいわれる。しかし、風間さんは「知らないだけ」だと言う。攻撃が才能次第なのは、相手より速いとかドリブルで抜けるといった個人能力に依存しているからで、崩し方を知っていれば個人能力にはさほど依存しない。

「筑波大学のときもそうでしたが、最初は必ず否定されます。反論もされます。俺たちだって攻撃できる、あるいはどうせ攻めきれないだろ？　と思われる。実際に片方のチームがボールを持てる場合、もう一つのチームもそれに対していいプレーができることはよくあります。ただ、相手が変わってチームが変わってしまうのであれば、自分たちで崩すことはできません。そこを突き詰めないと、そのうちに方向を変えなければならなくなります」

こうした現象は攻撃的なサッカーをやろうとして頓挫する典型といえるかもしれない。グアルディオラ監督が率いて圧倒的にバルセロナが強かった時期、多くの指導者がバルセロナのようなプレーを目指した。ヨーロッパのプロチームでもバルセロナ化を試みたケースがいくつもあった。しかし、結局のところやりきれたチームはほとんどない。だいたいボールポゼッションは飛躍的に高くなるのだが、崩しきれずにカウンターを食らって負ける試合が続き、そのうちに諦めてしまうのだ。そのときに「うちにはメッシがいない」と気づく。しかし本当はそこではない。メッシがいないから崩せないのではなく、崩し方を知らないままバルセロナと同じことをやろうとして失敗しただけなのだ。筑波大時代に他チームが風間方式に否定的だったのも、模倣可能だと思われたのも、結局は終点を見ていないために起こった錯覚だろう。ボールを持っていても崩せないと思うのも、ボールを持ってさえいれば自然と崩せると思うのも、どちらも間違っている。しかしそれに気づかない。なぜなら崩し方を知らないからだ。

風間方式の「外す」は、特殊な能力は要求されていない。

ＤＦを「外す」ために、特別なスピードがなくても構わない。もちろんタイミングは非常に重要で、相手の動きを感じるセンスも必要。「外す」瞬間を見逃さない出し手側の目、それ以前にそのタイミングを作り出す「止める」技術は必須になる。だから当然、誰でもできるというわけではない。ただ、メッシやロナウドでなくてもできる。トレーニングを積んでいけば、誰でもとはいわないまでも一定水準に達している選手ならば実行可能だ。それは筑波大でも川崎フロンターレでも、そして名古屋グランパスでも実証されているので疑う余地はないと思う。

風間さんのサッカーは理屈のうえでは崩せる。どんな相手でも通用する原理がある。特殊な能力も要求されていない。しかし、実際にはそれなりの選手、素材が揃わないと理屈どおりにはいかないのではないか、という疑問もあるかもしれない。

おそらく崩しを的確に実行できる選手は4〜5人は揃えなければ難しいと思う。パスの出し手が少なくとも2〜3人、受け手も同じぐらいはいないと成立しないかもしれない。ただ、全員ができなくてもいい。センターバックが崩しに関わることはあまりないだろうし、サイドバックは中央突破にはさほど関わらないからだ。むしろ風間方式で難しいのはセンターバックの人選かもしれない。

押し込む展開を想定しているので、パスワークの能力は問われる。守備はカウンターアタックへの対処がメインになるからスピードと1対1の能力も要求される。おそらくマスチェラーノやメデルのようなDFが適任になるが、速くて技術のあるDFはあまり高さがない。いくら攻撃時間が長いといっても、CKやFKで空中戦に勝たなければいけない場面は必ずある。相手のロングボールをカットする機会も多いだろう。そうなると、速くて上手くて高さもある究極のセンターバックが必要ということになってしまう。まあ、優先順位はあるので全部揃っていなくてもいいのかもしれないが、センターバックの人選はなかなか難しいのではないか。

●「上」に合わせる組織と奇観

ところで、風間監督はチームの完成形が見えているのだろうか。個の能力には依存していないが、個によって成立しているサッカーの最終形というのは予想がつくものなのだろうか。

「見えていません。短期的にはだいたいわかりますよ。ただ、3年後はどうかと聞かれてもわかりません」

風間監督のチーム作りは、ある意味最終形が見えていない。違う言い方をすると、完成形がこうだと決めていない。それは選手の成長によって大きく変わってくるからだ。サグラダ・ファミリアみたいなものかもしれない。

バルセロナにある有名な聖家族協会(サグラダ・ファミリア)はアントニ・ガウディが手がけた最大の建築物だが、実は図面がない。模型やスケッチは存在するが、全体の設計図というものがないそうだ。そのため、ガウディの死後はその時代の建築家たちがガウディの意思を汲み取ってそれぞれの解釈によって建設を進めてきたが、贖罪協会のために喜捨を財源としており、いまだに完成していない。ガウディの没後100年にあたる2026年にはついに完成予定だそうだが、今のところサグラダ・ファミリアは壮大な未完成作品のままなのだ。完成してもガウディが当初イメージしたのとは間違いなく違うものになるはずだが、それでもサグラダ・ファミリアの奇怪かつ圧倒的な存在感は異彩を放ち続けている。

風間さんは1993年のファーストステージを制したサンフレッチェ広島の中心選手だった。スチュワート・バクスター監督が率いたこのときの広島は、非常にカッチリした組織的なチームとして知られている。詳細な図面があるチームだった。

「形があるので安心はできました。若い選手が多かったので、やることがハッキリしているぶん安心してプレーできたと思います。日本人にはわかりやすかったのではないでしょうか。バクスター監督とはたくさん話しをさせてもらいましたし、頭がよく素晴らしい監督でした。説明が上手で、色々と学んだところがあります。ただ、サッカーは楽しめなかった」

バクスター監督の導入した戦術は、カッチリした4－4－2だった。80年代のリバプール、90年代のACミランに似ていて、各選手の役割や動き方が機械的に決まっている。現代ではある意味普通のサッカーだが、当時のJリーグでは異色の存在だった。

守備は4－4－2の3ライン、ボールへのチャレンジとカバーリングが徹底されている完全なゾーンディフェンスである。攻撃はパターン化されていた。FWの高木琢也にクサビを打ち込み、落としたボールをMFの風間八宏、森保一が左右へ展開、サイドハーフのチェルニー、盧潤廷の推進力にサイドバックのオーバーラップを組み合わせたモビリティーを利かしたサイドアタックがメインだった。縦へのクサビの当て方と、そのときの状況によってどこへ展開するかにいくつかのパターンがあり、ツボにハマったときの同時性と破壊力が特徴だった。形ありきのパターン化されたサッカーであり、何をやるかがはっきりしているので組織としてまとめやすい利点があった。

当時、風間さんはバクスター監督から「抑えてくれ」と言われていたそうだ。

「もっとできるのは知っているけど抑えてくれと言われていました。私が勝手に動いてしまうと、組織として崩れてしまうと思ったのでしょうね」

監督に言われたことを忠実にこなそうとする若い選手たちの中で、風間八宏とイワン・ハシェックは例外的な存在だった。11個のボールをひとまとめにするのが組織だとすると、2つのボールだけサイズが違っている状態。ボールのサイズは均一のほうがきれいにまとまる。2つだけ大きいボールがあると、束ねたときに隙間が空いてしまってきれいにまとまらない。だからバクスター監督は膨らみすぎずに周囲に合わせてくれと言ったわけだ。風間とハシェックがポジションを逸脱し、パターンと違ったことをやり始めたら、それを補完する余裕が現状のチームにはないと判断したのだろう。

バクスター監督の下でチームとして成長し、成功を収めた広島だったが、チャンピオンシップでヴェルディ川崎に敗れると監督交代を行っている。当時の今西GMの説明はこのようなものだった。

「バクスターはよくやってくれたが、さらにチームを成長させるためにビム・ヤンセン監督を迎えることにした。選手を代えるか、監督を代えるかという選択になるのですが、選手を代えられるほどの予算はありません」

今西GMとバクスターの関係は良好だったが、最後のほうは意見の食い違いもあったようだ。今西GMはバクスターのゾーンシステムには懐疑的だった。ただ、監督を代えずにチームを成長させるには選手を獲得する必要があり、それだけの予算は当時の広島になかったという話は本音だと思う。しかし、同じ個を違う組織で束ねても大きくはならない。組織のあり方、つまり個の束ね方は同じで良かったのだ。1つひとつの個を大きくすることでチームは大きくなるはずだった。予算の都合上無理だったのかもしれないが、強化方針としては次善の策だった感は否めない。

ただ、あまりにまとまりすぎると、それ以上個が伸びなくなる弊害はある。風間さんは桐蔭横浜大学を率いていたときにそれを感じたという。

「桐蔭の監督をやったときに、パターンを教えてみたら途端に勝ち始めた。それを見たときに、『これはマズイな』と思ったんです」

風間さんが桐蔭大サッカー部の監督に就任したのは1998年、監督としてのスタートだった。それまでの桐蔭大は体育会といっても同好会レベルだったという。ところが、風間監督が指揮を執ると神奈川県リーグ2部で全勝優勝を果たした。2000年には神奈川県1部リーグでも優勝している。監督が選手に戦術を教え、教えたらすぐに結果が出たというのは、普通なら監督冥利に尽きるというものだが、風間さんは「マズイ」と思った。

「もう限界がみえてしまうんですよ。パターンでやっているから、それ以上は伸びません。パターンを抑えられたら終わりです。パターンを上手くこなすための技術は伸びるかもしれませんが、それは慣れですから。パターンでプレーしても目先は勝てますけど、それ以上強くはならない。桐蔭のときに、自分がプロとしてやっていて引っかかっていたものが何かわかったんです」

風間さんが「引っかかっていたもの」と言うのは、いわばパターン主義の弊害だった。バクスター監督のときの広島に感じていた疑問だ。

「広島のときも、相手にこちらのパターンをわかられたら勝てなくなりました。システムのために個々の役割があるサッカーでは、個人が100%の能力を発揮しづらい。逆にその中で100%できる選手は、そのシステムの中でしか生きない選手です。そういうところが引っかかっていました」

桐蔭大の監督1年目で、「これでは選手たちがコマにしかならない」と気づいた。システムに使われるコマではなく人を強くしていく、そういうチーム作りに舵を切った。

「組織を壊してもいいから、チームの中から1人でも2人でも伸びていく選手が出てくればいいと思ってやり方を変えました。そうしたら、意外と勝てた。選手たちも面白くプレーしながら勝てたんです。そのときに『この質には限度がないな』とわかった」

バクスター監督と似た方式でスタートした風間監督は、1年で最初とは真逆のことをやり始めた。組織、システムという箱を作って選手を収めるのではなく、箱からはみ出そうが隙間ができようが構わないから個の能力を伸ばしていくと決めた。

「目が揃ってきた。自分たちのイメージで勝てるようになった。このほうが飽きなくていいと思いました」

風間さんがバクスター監督のサッカーを「楽しめなかった」と話していたのは、パターン化されたサッカーだったからだ。当時の広島には効果的な方法だったのだが、パターンはいくつかの組み合わせはあっても基本的に変化はしない。やることが同じなので、風間さんのように飽きてしまう選手も出てくるわけだ。パターンがなければ、やることは毎回違う。プレーの原理原則だけがあって、あとは選手次第。確かに飽きることはなさそうだ。

「パターンに安全と安心を求めてしまう。そこへ立ち返ればいい。でも、そこが落とし穴になる。スポーツは止まったらダメなんですよ。どんどん変化していくほうがむしろ安全なんです」

変化するほうが安全なのは、パターンを読まれることがないからだ。同じパターンでチームを作っていくと、「必要な選手も同じになる」と風間さんは言う。組織が先にあって選手をあてはめてしまえば当然そうなる。言い方は悪いが、選手は部品だから交換するなら同じ規格でなければ役に立たないからだ。風間監督は組織ではなく選手個人を先に考えるようにした。そのために組織が「壊れる」リスクも想定した。突出した選手が現れると、全体を束ねるのが難しくなるからだ。ところが、そうはならなかった。「目が揃ってきた」からだ。つまり、上手い選手のイメージに全体が合わせられるようになった。

組織のための個という方針は、いわば下のレベルに合わせることになる。少なくとも平均レベルに合わせなければならない。しかし、それでは組織としてまとまるのは早いが、組織自体は大きくなっていかない。風間さんが現役時代に経験し、引っかかっていたことである。

「システム論はクラブが大きくなればなるほど〝人〟なんです。例えば、あのポジションというより、あの選手のプレーになる。こぢんまりとまとまるのではなくて、全員の大きな個があって、目を合わせる作業になります。そこへ入れない選手は枠には入れませんよという組織です」

風間さんの組織論は、いわば上へ合わせていく。平均的にまとめるのではなく、一番大きな個に合わせて周囲を大きくしていく。「目が揃う」とは、イメージの共有でありタイミングの共有だ。例えば、メッシが本当にほしいタイミングでパスを供給できれば、チームはメッシの「目」を共有したことになる。パスの出し手の技量とタイミングにメッシが合わせることは簡単だが、それでは本物のメッシにはならないし、チームの成長も止まってしまう。もしチームにメッシがいるなら、メッシが平均レベルに合わせるのではなく、チームがメッシに合わせられるように成長したほうがチームは大きくなるというのが、風間さんの組織論なのだ。

大きな個が1つ2つあると、11の個を束ねるのは難しい。きれいにまとまらない。しかし、そこで大きな個を小さくするのではなく、大きな個によって生まれる〝いびつ〟さを周囲が大きくなることで埋めていく。隙間を埋めるには大きさが足りない個は、もっと大きな個に入れ替えられる。最初から形と大きさが決まっている箱に収めるのではなく、「目を合わせる」という作業が全体を束ねる。それは伸縮するゴム紐のようなもので、素材は変わらないが束ねる内容物が大きくなれば、それに合わせて伸びてくれる。

だから、風間さんのチームには最終形がない。個が大きくなっていくにつれて、全体の形はいびつさを残したままでも膨張していく。いつかキレイにまとまるのかもしれないし、いびつなまま膨張を続けるのかもしれない。それは一種の奇観で、ガウディと後継者たちが作り上げ、いまだに工事中のサグラダ・ファミリアのようなものかもしれない。

●発想の原点

「人が見て、面白くなければしょうがない。こいつ、何やるんだと皆に見られたい。そういう気持ちがあったかもしれない」

風間さんの発想は人と少し変わっている。本人は「これが普通だと思っている」と笑うが、タマゴの底を潰して立ててみせたコロンブスみたいなところがある。その発想の原点はどこにあるのか。

「2歳ぐらいのとき、親戚に預けられていたんですよ。姉が病気を患っていて、親は看病でかかりきりになったので預けられていた。それで人に見てもらいたいという気持ちが芽生えたのだと思います。もちろん後で聞いた話なんだけど、お爺さんの部屋にバケツを運び込んで親戚の家族全員を呼び、皆の目の前でバケツを倒して部屋を水浸しにしたそうです。そんなことして、怒られて喜んでいた（笑）」

2歳の子供がバケツに水を入れて部屋へ運び込み、皆を集めてぶちまける。当然、怒られるが、それで喜んでいたというから相当タチの悪い〝かまってちゃん〟だ。

親が仕事で忙しかったこともあり、サッカーの試合を見に来ることもできなかった。寂しさの裏返しか、周囲に注目されるのが好きだったという。人と違うことをして目立ちたい。反面、臆病でもあったと振り返る。

「普通の人より臆病だと思います。臆病だからいろいろ考えるし、意外と人の言うことも聞いていました。小学生のとき、ある試合で見ていた人が『風に乗せろ』と言ったのが聞こえた。風が強い日だったんですね。言われて見てみたら〝風が見えた〟。土埃なのか何なのかはわからないんだけど。それで風に乗せるようにシュートしたら入った。風に乗せろと言ったのは他のチームの指導者なんですけど、『オメ、聞いてたな』と後で言われました」

人の話なんか聞いていないようで、わりとちゃんと聞いている。聞いてそのとおりに受け取るかどうかの判断は自分でしていたが、ちゃんとアンテナは張っている子供だった。大胆なようで用心深かったのだ。

「臆病だったのは劣っていたからでしょうね。中学のときに急に足が遅くなったし、背も伸びなかった。劣っていたから、いろいろと考えた。そもそも片親なので、直接それを言われることはないにしても、そういう見られ方をしているのは感じますしね。例えば、人の家へ遊びに行くとオヤツが出てくる。ウチではしゃれたオヤツなんか出てこないから、最初はちょっとうらやましい。でも、プリンとかメロンとか出てくるんだけど、食べてみたら大して美味いと思わない。ふだん煮干し囓っている俺からすると、あんまりピンとこない味なの。それで『オヤツはいらんな。めんどくさいな』と思う」

オヤツは風間家では欠けているものだったから、多少気圧されるところもあったのだろう。でも、食べてみれば「いらんな」という結論が出る。風間さんのオヤツの話は例としてわかりにくいかもしれないが、〝自分には何かが足りないかもしれない〟というコンプレックス、そこから生じる臆病さと、どう向き合っていたかが表れている。

「今でもそうですけど、自分なんか大したことないと思っている。でも怖がっているだけではしょうがないから、とりあえず行ってみる」

食べてみたらプリンはそんなに美味しくなかった。けれども、それは食べてみなければわからない。気圧されたままなら、オヤツは「いらない」という結論は持てなかった。

「友だちの家にオーバーヘッド専用部屋があった。お父さんが大工で、天井からボールを吊り下げた部屋に改造してあった。だからそいつはオーバーヘッドキックがやたらにうまかった。で、パンクしたボールを持ってきて砂をつめて、家の裏にあった神社の木に針金で吊してみたんだけど、地面が石ころだらけだからオーバーヘッドは無理だなと思ってヘディングの練習をした。そしたら額に針金が刺さっちゃって（笑）。血だらけで家に帰ったら『何してきたんだ！』と」

小学生らしいといえばそうだが、「皆、そんなもんだと思っていた」というのはたぶん違うと思う。「怖がっているだけではしょうがない」とはいえ、やってみた結果、痛い目にもあっていたというお話。

「コーチの言うことが『何か違うな』と思うことはあっても、とくに苦にはならなかったですね。あのころは試合に負けるとグラウンド30周とか、下手すると100周とかさせられていて、『しょーがねーなー』とは思っても、あまり疑問はなかった。今だったら拷問ですけど、振り返ってみると、だから体が丈夫なのかなとも思う。階段登りもいつもやらされていたけど、だったら誰よりも速くやろうと考えていた。たくさん怒られましたが、それよりも怒られなかったことを覚えていますね」

清水市商業高校の1年生のとき、上級生から「パスを出せ」と叱られたことがあった。するとと大瀧雅良監督は「パスなんか出さなくていい」と言ったそうだ。逆に「パスするなら使わないぞ」と。そして、パスを出せと言った上級生にこう話したそうだ。「お前ら、ヤヒロがドリブルして奪われて失点したことなんかあるか？　余計なこと言うんじゃない」

風間さんは逆にびっくりした。「これはちゃんとやらないといけない」と思い直したという。普段は文句ばかり言う監督から、絶大な信頼を寄せられていると知った。「オール清水のとき、夏の全国大会で東京へ行った。暑いけど、あのころは水を飲んじゃいけないと教えられていて、仕方がないから水で冷やしたタオルの水分をチューチュー吸ったりしていたんだけど、あるとき父兄がタオルを冷やすための氷を持って来た。それで、俺は氷をボリボリ食べたんです。そしたら先生は怒らなかった。『それは水じゃないわな』と。それで皆も氷を食べ始めた。それから先生を驚かそうとして、いろいろやるようになったのも覚えています」

怒られるのは日常だったので、怒られても何も耳に入ってこない。そんな中、逆に「怒られなかった」ことが印象的だった。認められること、もっとやってみろと言われたことのほうを覚えている。

「怖いと思うこと、臆病であり続けることが、成長させてくれる。不安はあったほうがいい。自分の評価も他人の評価も難しいものですが、『もっとできるでしょ?』と考えること。それの繰り返しですね」

風間さんにインタビューするときに、名古屋グランパスのクラブハウスにあった戦術ボードのマグネットを借りたら、選手を表す丸いマグネットには選手の顔写真が貼り付けられていた。小さすぎて顔もよくわからないぐらいなのだが、その人用のコマになっていた。

「個々の選手についてずっと考えています。極端にいえば、『本当にプロサッカー選手に向いているのか』というところまで。もし化けるとしたら、どういうふうに変わるのか。どうしたらこの選手はもっと自分を出せるのか。例えば、ある選手は声が出ない。もっと声を出せと言うのは普通ですけど、なぜ声が出ないかを考える。そうするとポジショニングが遅いのが見えてくる。つまり周囲が見えていない。じゃあ、なぜ見えないか。ボールが止まっていない。どこから変えるかというと、まず前を向くのを早くさせてみようと。そこからやってみて実際に声が出るようになるかどうかはわからないですけどね」

サッカーが進歩するのではなく、サッカーをプレーする人が進歩するのだ――セサル・ルイス・メノッティの言葉だが、人の進歩がサッカーの進歩につながるのを実感したとき、指導者は本当の醍醐味を知るのではないだろうか。

おわりに

「ほら、カンガルーばっかりでしょ」

　桐蔭大学サッカー部の部室でインタビューを行ったとき、窓の外に見えるグラウンドで練習中の高校生を見ながら言った風間さんの言葉の意味がよくわからなかった。

　少し話を聞いていくうちに、あまりよく考えないでただ元気よく体を動かしている選手が多いでしょ？　という意味らしいとわかってきた。それにしてもいきなり「カンガルー」では訳が分からない。

　選手時代から本質をずばりと指摘するところがあった。Jリーグ開幕は日本サッカーのバブル期で、開幕前から選手の年俸がうなぎ登りに高騰していた。三浦知良は1億円を突破と新聞に書かれていたし、8000万だ6000万だとアマチュア時代には考えられない景気のいい数字が飛び交っていたものだ。「××が8000万なら、俺は9000万もらう！」と言う選手もいた。

「年俸は自分が決めればいいだけで、他人と比較するものじゃない」

風間さんはあっさりそう言っていた。自分の生活に1億必要なら1億要求しても構わないけど、誰かがいくら貰うから自分はそれより多くというのはナンセンスだと。日本初のプロサッカーリーグ発足で皆が浮き足立っているときでも周囲に流されない姿勢が新鮮だった。

「なぜ日本に戻ってきたのですか？」

以前そう聞いたときも、

「日本に戻るつもりはなくて、オファーのあった中に日本のチームがあっただけ」

言われてみればなるほどと思うのだが、いつも回答に意表をつかれる。そのたびに、こちらに先入観や思い込みがあったと気づかされることが多かった。

清水の少年時代、風間さんはセンターバックでプレーしていた。コーチから相手のFWを振り向かせるなと言われていたが、風間少年は「全部振り向かせる」と言い放ち、そのとおりにやって完封してみせたという。反抗していたわけではない。

「体が小さかったので、唯一危ないのが密着して体で押しきられる場合だった。振り向かせてボールをさらさせてしまったほうが有利だったから」

FWがゴールに背を向けてパスを受けたときは振り向かせないようにする。確かにそれはサッカーのセオリーなのだが、それでDFが不利になってしまうならセオリーの意味がない。より重要なのはゴールを守り、ボールを奪うことだ。ただ、何か教えられればよく考えずに従ってしまうほうが普通だと思う。

サンフレッチェ広島でバクスター監督から「DFの背後のスペースへロングパスを蹴れ」という指示が出たときも、風間さんは「DFをぎりぎりで被らせる」ことを考えた。背後のスペースを狙えばボールが走りすぎて味方が拾えない。DFの頭上ぎりぎりなら、たとえヘディングで触られても十分なクリアができないのでこぼれ球を拾える。

1つ先、2つ先を考えていた。それは風間さんの言う「臆病さ」からくる用心深さかもしれないが、本質を見抜こうとする姿勢は一貫しているように思える。正味のところを見据えると、世間で常識といわれていることも意外と常識でないこともわかってくる。風間語は聞く者の意表をつき、それまでの常識を覆すような試みにも思えるが、実は本質をとらえていて、それゆえに原理原則に忠実でさえある。要は合理的なのだ。

「自分では普通だと思っているんだけど（笑）」

風間さんは一般的という意味での普通ではない。本質をとらえているから自分では当たり前だと思っているけれども、サッカーも世の中も実は普通でない人のほうが一般的なのだ。常識やレッテルや言葉に惑わされ続けている。いってしまえば風間語だって1つの用語だ。物には名前が付いているけれど、それは勝手に誰かがそう呼んでいるだけ。名前が付くと本質からは遠ざかる。「足」を切り離してしまえば足として機能しないように、言葉には物事を切り刻んで本質から遠ざける性質もあるわけだ。だから用語を知って安心してはいけない。風間さんも、たぶん飽きてきたら今までとは別の言い方をすると思う。

少し難解な風間語は、その先の本質を知るための手がかりにすぎない。そして原理をつかんだチームの行く先については風間さんも「わからない」と言う。変化し続けていくからサッカーは面白い。

風間八宏

かざま・やひろ

1961年10月16日、静岡県生まれ。清水商業高校時代から天才と騒がれ、日本ユース代表として79年のワールドユースに出場。その後、筑波大学在学時に日本代表に選出される。大学卒業後は複数の実業団からのオファーを断り、1984年ドイツに渡る。レバークーゼン、レムシャイトなどで5年間プレー。1989年にマツダへ加入し、95年までサンフレッチェ広島でプレーを続けた。現役引退後は桐蔭横浜大学サッカー部、筑波大学蹴球部、川崎フロンターレの監督を歴任し、2017年より名古屋グランパス監督に就任した。

西部謙司

にしべ・けんじ

1962年9月27日、東京都生まれ。少年期を台東区入谷というサッカー不毛の地で過ごすが、小学校6年時にテレビでベッケンバウアーを見て感化される。以来、サッカー一筋。早稲田大学教育学部を卒業し、商社に就職するも3年で退社。学研『ストライカー』の編集記者を経て、02年からフリーランスとして活動。95年から98年までパリに在住し、ヨーロッパサッカーを中心に取材。現在は千葉市に住み、ジェフ千葉のファンを自認し、タグマ版「犬の生活」を連載中。おもな著書に『1974フットボールオデッセイ』『イビチャ・オシムのサッカー世界を読み解く』(双葉社)、『戦術リストランテⅠ～Ⅲ』(ソル・メディア)、『眼・術・戦』『サッカー右翼サッカー左翼』『4-4-2戦術アナライズ』(カンゼン)など。

ブックデザイン 鈴木成一デザイン室
DTPオペレーション 株式会社ライブ
写真 田中伸弥
図版・イラスト 小林哲也
編集協力 小澤祐作
編集 森 哲也（カンゼン）
協力 株式会社 名古屋グランパスエイト

技術解体新書 サッカーの技術を言葉で再定義する

発行日 2017年11月9日 初版
2018年2月26日 第4刷 発行

著者 風間八宏／西部謙司

発行人 坪井義哉
発行所 株式会社カンゼン
〒101-0021 東京都千代田区外神田2-7-1 開花ビル
TEL 03(5295)7723 FAX 03(5295)7725
http://www.kanzen.jp/ 郵便為替 00150-7-130339
印刷・製本 株式会社シナノ

ISBN 978-4-86255-422-2 Printed in Japan
定価はカバーに表示してあります。
ご意見、ご感想に関しましては、kanso@kanzen.jpまで
Eメールにてお寄せ下さい。お待ちしております。